我 和
我的学生们

陈佩莉 著

浙江工商大学 出版社 | 杭州
ZHEJIANG GONGSHANG UNIVERSITY PRESS

图书在版编目（CIP）数据

我和我的学生们 / 陈佩莉著. -- 杭州：浙江工商
大学出版社，2024. 11（2025. 9 重印）. -- ISBN 978-7-
5178-6270-3

Ⅰ. G62-53

中国国家版本馆 CIP 数据核字第 2024ST0767 号

我和我的学生们

WO HE WO DE XUESHENGMEN

陈佩莉 著

责任编辑	王　琼
责任校对	李远东
封面设计	朱嘉怡
责任印制	屈　皓
出版发行	浙江工商大学出版社
	（杭州市教工路 198 号　邮政编码 310012）
	（E-mail：zjgsupress@163. com）
	（网址：http：//www. zjgsupress. com）
	电话：0571-88904980，88831806（传真）
排　　版	嘉兴浩帆图文制作有限公司
印　　刷	杭州宏雅印刷有限公司
开　　本	880 mm×1230 mm　1/32
印　　张	8. 75
字　　数	185 千
版 印 次	2024 年 11 月第 1 版　2025 年 9 月第 2 次印刷
书　　号	ISBN 978-7-5178-6270-3
定　　价	58. 00 元

坚持，是因为一直保留，一直激励，一直欣赏；

信任，是因为一直单纯，一直坦诚，一直帮助；

感恩，是因为一直获得，一直柔软，一直善良。

30 多年后，你教过的学生还会和你联系吗？

30 多年后，你教过的学生还记得你什么？

30 多年后，你留给你学生的还剩下什么？

教师对学生最大的影响到底是什么？

教师不能从自己的角度来认识自己的教学，而是应该让学生来评价；从学生的角度来思考自己的做法，反思自己的教育理念。

　　当我看到浙江省临海市教研中心教研员陈佩莉著的《我和我的学生们》一书的电子文稿时，情不自禁有些感动。书中的回忆故事和思考耐人寻味，特别是她发出的3个叩问颇有意义：30多年后，你教过的学生还会和你联系吗？30多年后，你教过的学生还记得你什么？30多年后，你留给你学生的还剩下什么？在书中，她用"学生回忆""教育思考"的样式留下了很多很多答案。

　　她是学生学习的领航员。学习是学生的本职任务，需要发挥学生自身的主观能动性，但是也离不开优秀教师的指引。如书中"做一个全能的教师""课堂，站在育人的位置""和学生一起阅读，一起批改作业"等述事中都有一种行之有效的引领策略。陈佩莉就是这样的一个领航员，因此她的学生学习习惯正，学习劲头强，学习成效好。

韩愈的《师说》有云："师者，所以传道受业解惑也。"这是对教师的传统定位，虽然是正确的，但这只是一种"经师"。其实，教师就是"导师"，贵在"导"。在书中各个故事中，作为教师，她起到了教导、指导、诱导、引导、辅导、劝导、编导、导向、导航等作用。2024年8月，我曾带众多弟子去新疆支教，有感于大草原的牧马人，对于牧马，他们不是划地圈养，而是在草原放牧，让马儿徜徉在广阔的蓝天白云之下。这对我颇有启示。

她是学生生活的好朋友。学生的生活是平淡的，这平淡的岁月里却留下了她与学生共同前进的足迹。陈佩莉与学生亦师亦友，她像大姐，更似母亲，事无巨细，深受学生的喜爱和尊敬。书中"欢迎来做客，欢乐如家人""让课外活动丰富起来""寄宿的学生能力强"等故事讲述了她与学生的校内外生活经历，是一种永远的师生情谊。

她是学生心灵的守护者。学生的发展是全面的、全程的、可持续的。学生必须从体力到脑力再到心力，全方位地和谐发展，其中的心力尤为重要和必要。

在我的印象中，对学生而言，陈佩莉不仅是知识的传播者、思维的开拓者、仪态的影响者、文化的弘扬者，更是心灵的塑造者。在师生关系中，大概没有什么比塑造心灵更重要的了，因而陈佩莉心无旁骛，并为之乐此不疲。心灵的塑造为她的学生的终身发展奠定了良好的基础。

一是保护学生的爱心。"爱孩子一样爱学生"中许金俊同学的回忆录"我爱我家",讲述了在住校生活中陈佩莉对他和同学们的一些无微不至的关怀的小事,说明了她对学生们有博爱之心。她真是学生们心目中很有爱心的"家长"。

二是守护学生的童心。"以一颗童心理解孩子保护孩子"中王凌峰同学回忆录"保卫雪人",讲述了陈佩莉在下雪天保护学生堆的雪人的故事。因为"雪人",师生间的关系更融洽了;因为"雪人",老师成了学生们心目中的"自己人";因为"雪人",学生们学习更用心、更自觉了。王凌峰同学说:"我们既尊她为老师,也当她是朋友,一直保持着联系。""保卫雪人",不只是雪人,而是守护着一颗颗美好的童心!

三是维护学生的自尊心。"保护乖巧孩子的自尊心"中蔡宇翔同学回忆录"我的启蒙之光",讲述了陈佩莉对他一年级时在课堂尿裤子一事的机智处理等小事。他情不自禁地赞誉道,陈老师,"您是我生命中的启蒙之光,是我成长道路上的温暖陪伴,您是我心中最美的风景,是我成长道路上永远的引路人"。是啊,同学们常说"陈老师不仅是我们的知识导师,更是我们的精神导师"。有学生这样的赞美,做老师的都会引以为傲的,这样的老师真令人敬佩啊!

正如习近平总书记对教师所要求的,要做一个"有理想信念、有道德情操、有扎实知识、有仁爱之心的好老师"，陈佩莉为此努力践行了。她有真情实感，有责任担当，有教育情怀。她人如其名，全身散发着芳香，所以获得了人们的广泛赞扬。

我曾是陈佩莉在杭州培训时的班主任，也多次应她所邀去临海市讲课。她是一个很随和、很轻松的人，也是一个会讲故事的人。所以，我很喜欢与她一起喝茶聊天，听她讲故事，述人生，回顾过去，思考当下，展望未来。因而也就特别期待陈佩莉后续《我和我的老师们》《我和我的家人们》……的不断问世！

芷佩惠香，茉莉芬芳。

是为序！

浙江外国语学院小学教育研究所所长、终身教授

2024 年 9 月 1 日开学季

　　2020 年 1 月，我的第一届学生群里交流很热烈，因为他们之间的感情很深，同学间交流很随意，很轻松，很真诚。

　　我脑子里突然冒出个念头，1986 年我一毕业参加工作就遇见了他们，如今过去了 30 多年，我们师生的感情没有因时间流逝而变淡，而是像陈年的酒一样，越来越浓。我们之间的感情这么深厚，他们还记得我当年和他们一起时的日日夜夜吗？经过时间的冲洗，现在已经为人母、为人父的学生们，存在他们脑海里的到底还剩下什么？于是，2020 年 1 月 15 日，我在群里发了一段话："亲爱的同学们，时光匆匆，已经到了 2020 年了！你们是我的第一届学生，我的青春是和你们的童年一起度过的，我对你们感情特别深！我打算编一本我和我的学生们的书，里面一定要有你们的记忆！请大家这几天回忆一下，你们还记得我们之间发生过的事情吗？经过30多年的时间，留下的一定是值得保留和推广的。不管是教育的，还是教学的，点点滴滴，请大家动一下笔，按一下键盘，发到群里或私信发给我。权当我给大家布置的一个作业吧，数量不限，多则多，少则少，没有回忆的是我的错！哈哈哈，谢谢大家！请金海萍、张冬青、冯琦义几位老师分工合作，留心下载哦！"想不到，牟晨同学秒回信息："我脑子里第一个闪出来的情景，是您利用晚上的时间给我们排练六一文艺汇演舞蹈，还一个一个地送我们回家。晚上在街上走着，我们还故意躲起来，和您捉迷藏，太有意思了。"当时，我又惊又喜。惊的是，我自认为他们很喜欢我上课，6年的精彩课堂一定给他们留下了精彩的瞬间，可是我想错了；喜的是，他们竟然不用思索，对我和他们在夜间捉迷藏的事脱口而出。这给了我很大的动力，他们竟然记得这么多我和他们之间发生的故事。当时我在录制微课，以丰富我的"之江汇教育广场"的个人空间，提供给学生和老师们学习参考。因为连续熬夜，持续上网，我的眼睛得了飞蚊症。所以我自然停下了我和学生们的故事编写。

2022年1月，我参加浙江省人大会议期间，一位谢代表和我讨论孩子的学习情况，我和她交流后，她对我说："你作为教研员，作为优秀教师，应该出一本书，内容就关于怎么教育学生。"我心里一震，我原本想这是我和我的学生们的故事，等我退休了细细回忆，慢慢写，需要的老师可以一看，想不到家长也需要啊！于是，大会一结束，我回来就继续写我和我的学生们的故事。

回忆起我和学生们的点点滴滴，我就想起《礼记·学记》中的教育名言："故安其学而亲其师，乐其友而信其道。"而我认为，作为教师，更应"亲其生而爱其所有"。

我要感谢我的学生们，感谢家长们，感谢你们的信任，你们的支持，你们的帮助，你们的深情！我不禁感慨：为师如此，夫复何求！

陈佩莉

2024 年 6 月

目录 / Contents

学习的领航员

1　让特长拉动不足，成就优秀 / 003

2　让优秀品质根植全面素养 / 010

3　做一个全能的教师 / 017

4　板书，浓缩的思维 / 024

5　习作，要看得见 / 034

6　课堂，站在育人的位置 / 041

7　唤醒　激励　鼓舞 / 048

8　让学生展示成功，自信满满 / 055

9　阅读　思维　团结 / 061

10　和学生一起阅读，一起批改作业 / 071

11　漂亮的字也能风光你的人生 / 077

12　以爱育爱　一路生花 / 083

生活的好朋友

1　玩中学　爱在全程 / 093

2　欢迎来做客　欢乐如家人 / 100

3　让爱爆发学习力 / 106

4　关注细节　关爱平凡 / 111

5　学生会懂教师的爱 / 116

6　让课外活动丰富起来 / 122

7　寄宿的学生能力强 / 130

8　竞争和团结 / 140

9　从心底里对学生好 / 146

10　生活小困难　我来帮助你 / 152

11　看到顽皮学生的闪光点 / 159

12　让学生在笑声中成长 / 165

心灵的守护者

1　言传身教是最好的教育 / 173

2　爱孩子一样爱学生 / 182

3　播下"责任与担当"的种子 / 190

4　赋予聪明正能量 / 197

5　以一颗童心理解孩子保护孩子 / 206

6　你是家长面前学生的保护神 / 212

7　触动心灵　自我成长 / 218

8　保护乖巧孩子的自尊心 / 225

9　正确引导爱的萌芽 / 232

10　特别的爱给转学来的新生 / 238

11　牵挂没有教到毕业的学生 / 248

12　祝你们一路顺风 / 255

后　记 / 262

学习的领航员

你的课堂有趣吗？

你的语文课有意思吗？

你的学生会期待你的课吗？

学生在你的课上会不会有发自内心的情感流露？

学生在你的课上综合素质有没有得到提高？

学生在你的课上是不是很快乐？

我始终认为，课堂是学习的主阵地，就好像是一日三餐，这是正餐，靠三餐来补充能量，而不是靠点心，点心就是吃饱了也是缺少营养或者不容易消化的。由此，课堂教学要承担培养学生的全面素质的任务：听说读写思，字词句段篇。课堂上要让学生快乐学习，更要让他们学会思考，觉得语文课是很有意思的。18 岁那年，我从踏上工作岗位开始，就独自认真备课。记得每年暑假，我总是把下学期的课全部备好，认真写好教案，写教案就当练字了；每年春节，我记得这是我备课的好时光，家里没有农活需要我帮忙，大家忙着玩，忙着聚餐，忙着走亲访友，我可以安静地在家里备课，一点儿都不受干扰，沉浸在文字带给我的快乐之中。教师只有把课上好，让学生喜欢你的课，佩服你，学生才会亲近你，才会和你一起玩，才会快乐地接受你的教育，在课堂上才能快乐地成长。这样，教师才可以真正做到引领学生学习，才可以站在三尺讲台上当领航员。

1

让特长拉动不足，成就优秀

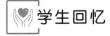学生回忆

我的启蒙老师

许一力

陈佩莉老师是我学习生涯中第一位班主任，是陪伴我小学 6 年的班主任。

30 多年前，我刚到涌泉小学（涌泉中心校）读书，教室里进来了一位让我眼前一亮的女老师，这是我们的班主任。我对她的第一印象是，这位班主任不但很年轻、很漂亮，普通话还非常标准，几乎每

次都能在市里的普通话比赛中拿第一名。据说，她还是我们校长亲自从师范学校挖来的优秀毕业生。当时在这么一个小镇上，很多老师还在用家乡话讲课，陈老师能用标准的普通话授课，是非常难得的。那时候的她正处在最意气风发的时候，刚刚从师范学校毕业来到这里，小镇上所有的学生家长，都想把自己的孩子往她这个班里"塞"。我有幸进入陈老师的班级。

更幸运的是，陈老师不仅教学水平高，还善于发现学生的优点。因为一些原因，我是到了6岁才学会说话的，差点儿都上不了小学，所以说话一直是我的弱点。我在班里是属于少言寡语的那种学生，非常不善于跟人交流。可是这在常人看来是缺点，陈老师却并不这么认为。她先是鼓励我，并且给我一个故事稿子，让我做准备，然后更是创造了一次机会：在某天，让全班同学听我上台讲个故事。想起来这其实是我第一次在几十个人面前上台讲话，所以直到现在我对那个场景的印象还是很深刻。

也就是这一次在全班同学面前的发言，让我有了非常大的信心，在几十个人面前说话，我发现我是可以的。此后几年，我感觉自己像是"开挂"了，几乎每年我都代表班里参加学校的演讲比赛，几乎每次都是第一名，也代表学校去市里参加比赛并多次获奖。这给我指明了人生方向，更重要的是奠定了我在很多方面的信心。我发现我是可以的，就算是在我觉得自己最弱的领域，只要我付出努力和坚持，我也是可以的，甚至可以做得很好。

这种有信心的坚持，一直陪伴着我进入初中、高中，直到1998

年高中毕业，我考入了清华大学电子系。我很感谢这位启蒙老师，当初就是她的启发式教育，改变了我的人生轨迹。

在我走上工作岗位后，我的第一份工作是到央视做财经评论员，这份在电视屏幕前的自信，也许是源于小时候就埋下的那颗种子吧。后来我走上管理岗位，任央视某频道的总监，有无数次需要在众人面前开会讲话，这份自如或许也是根源于小学时候那次讲故事吧。我现在管理了一些股权基金并投资了老家的一些科技企业，所以可以经常回老家。2022年春节，我和小学的同学和陈老师聚在了一起，聊起了很多事。30多年匆匆就过去了，大家都说很幸运，30多年前，我们有缘在这个小镇上学习，有缘成为同学，也刚好有一位这么优秀的老师来教我们，让大家有幸见识到更大的世界。我也在心里暗想，30多年前，如果没有那个在班级讲台上讲故事的机会，或许我的人生轨迹就不是这样的。很幸运能碰到这样一位启蒙的好老师。

【涌泉中心校1986（1）班学生，1998年考入清华大学电子系，2005年中国科学院硕士毕业，同时拥有北京大学经济学本科双学位，毕业后长期处于创业阶段，现清华大学集成电路学院工程博士在读。2024年获评中央组织部科技创业领军人才，享受国务院政府特殊津贴，杭州市B类高端人才计划专家】

教育思考

初见一力，发现这是一个个头小，清秀、文静而帅气的小男孩。因为他妈妈是一位非常优秀的语文教师，所以我便对他多关注了几分。他很聪明，很可爱，但不善言辞，课堂上没有绝对的把握是不举手发言的，可是考试往往得满分。

有一次，一力在我们教师中出名了。那时，校园里有很多住校的老师，放学后，我们住校的老师便开始做饭，有的老师还把小桌子搬到走廊上吃饭，大家一边吃饭一边聊天，好像一个快乐的大家庭。有一天，我们突然发现一力拿着饭碗和筷子，爬到了立在围墙边供学生体育课爬竿用的竹竿上端，他双脚夹住竹竿，捧着饭碗，优哉游哉地吃着饭。我们看到了，却都不敢大声说话，怕吓着他，只用手指着他，又惊讶又担心。后来好几次，他都这样，大家也就习惯了，相信他是可以在竹竿顶端吃饭的，觉得这个孩子不一般，有创造力。看着他爬到竹竿顶端吃饭，我们都夸他内秀，夸他聪明，将来一定有出息。

一年级上语文课时，我发现他学拼音时有几个音发得不清楚，比如舌尖音和舌根音。我很惊讶，这样聪明的孩子怎么会发音不准呢？我把这件事告诉了他妈妈，他妈妈笑着说，一力小时候开口说话晚，发音就有点儿不准了。作为语文老师，我特别强调读准普通话。我想发音不准也许是他找不准发音的部位、舌头不灵活才造成的。于是，我和他说，你这么聪明，腿脚这么灵活，你的舌头也会是灵活的，你的声音又这么好听，普通话一定能说好。早读课的时候我经常走到他身边，轻轻地教他学习拼音。他也很认真地看着我的口型，听着我的发音，跟着发音，渐渐地，他的拼音学好了，说话声音也大起来了。二年级时，他当了小组长，学习自信心强大起来，学习成绩也越来越好，在班级里已经崭露头角了。课余的时候，我就经常找他来学拼音，让他讲故事，我有意识地教他讲一个小故事，发现他讲得奶声奶气的，还真有讲故事的味道。于是，我找了一个早读课，让他给小朋友讲这个故事，他也很大胆地上台讲了，而且讲得出乎意料地好，得到了同学们热烈的掌声，大家都为他高兴。从此以后，一力就一发而不可收，在各个方面进步都很大，他自然就当上了学习委员。到四年级，他就竞选上班长了，他不但在考试时经常考满分，而且在讲故事、诗朗诵比赛中多次获得第一名，他在学校里已经出名了。有一次，他参加全市"爱祖国　爱家乡"朗诵比赛，比赛前一天，下午放学后，我和他在教室里反复演练。因为开着灯，竟然忘记天黑了，也忘记了饥饿，他妈妈早已站在教室外等待，可是没有敲门进来，一直等着我们结束。当我开门看到他妈妈的那一刻，我意识到自己过于追求完美了，觉得很抱歉。他妈妈却鼓励他说："你已经很好了，陈老师是对你要求高，希望你明天表现得更好。"果然，这次比赛他获得了二等奖的好成绩，而且得分接近获得一等奖的学生，这打破了当时农村学校的纪录。从此，学校里的主持人就非他莫属了。

到了六年级，他参加"戴徐奖学金"语数联赛，在全区获得第一名；和几个同学一起，作为农村的学生和城里的学生一起参加市里的比赛，也取得二等奖的好成绩。这在当年是非常不容易的，极大地激发了他们学习的积极性，增强了学习的自信心。小学毕业考，一力是以全区第一名的成绩升入初中的。后来，他上了台州中学，上了清华大学，成了中国科学院的硕士生，现在又成了清华大学的博士生，成了我们的骄傲。我经常很自豪地鼓励我后来教的学生们，一力是农村小学毕业的，他可以考上清华大学，你们也可以的。因此，许一力成了我教的所有学生的学习榜样。

一力全家都是感恩的。他爸爸妈妈一直说，感谢我对他的启蒙教育，要不是我这样培养和鼓励他去参加朗读和讲故事比赛，他的才华或许就被埋没了。我否定了他们的说法，我认为，一力的成功在于他的聪明才智和他的努力，不管是谁教他，他都可以如此优秀，无非是我幸运地成了他的老师。当然，作为教师，当我们看到一个学生有某项不足时，不要去否定他，而是要寻找原因，要找到解决的方法，让他的特长更长，以拉动不足，成就他的优秀和完美。一力大学毕业后，还专程到我家来看望我，他结婚时，也专程来请我参加他的婚礼。我儿子到北京读大学了，一力还请他吃饭，关心着他。他把感恩融进了行动中，对此，我也很感动。

一力出类拔萃，而且很看重小学同学之间的感情，还像小时候那样纯洁，他回家乡的时候会和小学的老师同学们聚一聚。2022年春节，在我们聚会时，我突然想起，这个学霸是否还记得小学的事情呢？我让他回忆一下，他满口答应。一个月后，一个周末的早晨，我的微信发出提示音，我想，周末谁这么早给我发信息呢？打开一看，惊喜极了，是一力发了回忆文章。从他的回忆里，我反思自己的教育教学，我庆幸自己没有埋没人才。

多元智能理论告诉我们，人的智能是多元的。尤其是教师，不能只看到学生学习上某一方面的不足，就放弃或者像戴着有色眼镜似的来判断一个人的发展，而是应该从学生的优点出发，看到他们的长处，从而让长处更长，增强他们的自信心，说不定从此会拉动短处，促进他们的全面素质的提升。因为事物都是相通的，一方面的经验可能会带动另一方面的发展。你要相信，某一方面的不足只是这方面发展得慢一点罢了，不要盯着不足看，要想办法去弥补不足，或许突然哪一天，他的不足就成了优势。

做教师的，做家长的，你首先要做到的是：相信，相信孩子是可以的！教育的艺术不仅在于传授本领，还在于唤醒、激励和鼓舞。这句话一直激励着我，我也一直激励着学生。

2

让优秀品质根植全面素养

学生回忆

印象中的陈佩莉老师

金霄翔

我非常荣幸受邀写一篇关于陈老师的回忆录。陈老师是我人生的启蒙老师。因为父母工作的关系,从出生到10岁我都在涌泉小学生活,这里像一个很大的家庭,大家同吃同住,一起打发童年大把的闲暇时光,惬意无比。我至今还向往之至,这里是我记忆深处最温馨的港湾,有很多的玩伴、亲人,而陈老师是那抹回忆里最温暖的部分。

忆起陈老师，首先闪过脑海的形容词便是漂亮时尚。不知道是她家庭出身优越还是接受的教育与常人不同，从我记事开始我对陈老师的印象就是与众不同的，无论发型、衣着还是谈吐，还有那标志性的微笑。陈老师的头发是蓬松有点卷的长发，若干年以后我才知道那时候的港台女明星也留这样的发型。她称赞我的时候会说"翔，真棒"，那时候从来没有人这样说话。我印象最深刻的事是陈老师给我洗头。在那个年代，我们小孩子贪玩，觉得洗头麻烦，没有十天半个月是不洗头的。那天我跟小逸正在玩，陈老师自己洗完头，看到我们的邋遢样就说："翔，我给你洗头，我刚买的洗发水保证你没用过。"说完便接水给我洗头，洗头过程我已经模糊了，但是这件事彻底颠覆了我对洗头的理解，原来洗头是舒服的，有种洗发水叫海飞丝。

印象中陈老师是教学能手。课堂上，她总是能够用生动的例子和有趣的故事吸引我们的注意力，让我们对课本产生浓厚的兴趣。当你开小差的时候，陈老师会叫你站起来回答问题，让你长长记性。学《小蝌蚪找妈妈》，陈老师就和我们一起捉蝌蚪养青蛙。陈老师有一双会说话的眼睛，一个愤怒的眼神扫过来，我们全班同学就会马上鸦雀无声，得到陈老师赞许的目光又会窃喜很久。那时我当班长，管理班级里顽皮的同学，有时有些同学不听，但是只要我"假传"一下陈老师的"圣旨"，就能让他们向东不敢向西。记忆里陈老师经常获得一些来自上级的荣誉，我们班的教室后面也经常有来学习的老师。陈老师的普通话讲得特别标准，印象深刻的是二年级那年，我主持涌泉区各个学校的文艺汇演，把幼儿园的"幼"读成了第一声，陈老师马上让人送来小纸条帮我纠正。

　　印象中陈老师是我们的人生导师。她注重培养我们的品格和价值观，她会通过课文中的故事，教我们做人的道理，告诉我们要诚实、善良、勇敢，要有同情心和责任感，用自己的言行来为我们树立榜样。她对每一个学生都很好，从来不放弃每一个学生。记忆里无论是周末还是下午放学，陈老师的厨房门口总会挤着几个小家伙，他们不是没背会课文的就是没做对题目的，陈老师总会一个一个地亲自检查，直到他们学懂弄通背会。因为我四年级就转学了，多年以后才知道我们一个农村小学的普通班级中有二十几个同学考上了重点中学。

　　虽然对很多事情已经记不清了，但是只要一提到陈老师，我心里就暖暖的，充满了感激。感谢您为我打开了知识之门，帮我打下了坚实的基础，感谢您教会我如何阅读、如何写作、如何做人，感谢您像母亲一样无微不至地关心照顾我。岁月荏苒，愿您多一些快乐，保重好身体，您的孩子们永远都站在您的身后。

　　【涌泉中心校 1992（3）班学生，现台州市椒江区副区长，四川省甘孜州色达县委常委、副县长（挂职）】

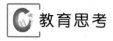 **教育思考**

　　读着霄翔的回忆录，开头的文字让我忍俊不禁，他们小时候课堂

内外的情景还历历在目，我仿佛看到了他们小时候的顽皮样。读到后面，我忍不住眼含泪水，被他的深情所感动。老师不老，孩子已长大！他们成了我身后一支坚强的力量。

我对霄翔是有特殊感情的。记得我刚工作那会，霄翔刚出生不久，估计刚满月。霄翔爸爸是校长，听说是他从师范学校里把我挑选出来的，几个校长一商量就直接把我分配到了原来的涌泉区中心校。20 世纪 80 年代，我是第一个被直接分到区中心校的师范生。他妈妈也是当地另一所学校的老师。当时我们外地老师都住校，我们在一个校园里生活，可以说我是看着霄翔长大的。他爸爸妈妈工作很忙，又不在同一所学校，当时叫了一个阿婆照看他。有一天晚上，他妈妈忙着改作业，阿婆不小心没有看好他，热水瓶倒了，热水烫了小小的他。我们听到这个消息都心痛不已，他爸爸没有责怪他妈妈，也没有责怪阿婆。但他身上留下了一些伤疤，这些伤疤让我们看到了他们一家人的胸襟和品格，这种品格影响着我们很多人。此后，我们对霄翔格外疼爱，在疼爱中长大的他很懂事、很可爱、很优秀。

他上学了，刚好我教一年级，自然就来到我的班级学习，我们有缘成了师生。他在班级里，并不说他爸爸是校长，更没有任何的优越感，全面发展，各方面都很好，在竞选班干部的时候，自然被同学们选为班长。作为班长，他以身作则，上课的时候很认真地听讲，一双眼睛总是炯炯有神，发言很有逻辑性，笔记上的字也写得很漂亮。他声音很好听，普通话很好，早读课的时候经常带着同学们朗读，给同学们讲故事，小小的班长就能带领一个班级的同学学习，表现出很强的领导力。一年级的他参加故事演讲比赛，获得了第一名，他也就成了班队课上的最佳主持人。因为学校上一届的主持人许一力刚好毕业，霄翔就自然接任了学校大会的主持人。他年纪小，主持前，我会让他练习，他主持时，我会格外关注他，用眼神给他鼓励。他在二年级主持全区文艺汇演时念错了"幼"字的音，这是我们没有想到的，我便传纸条给他，他就很快地纠正过来了，我们成了有默契的师生。霄翔的全面发展、优秀品质成了其他同学学习的榜样，榜样的力量是无穷的，同学们有着你追我赶的劲头，班级里形成了积极上进的良好班风。

从走上工作岗位起，我就坚信，上课的时候专心致志地学习很重要。上课就像一日三餐，要吃饱吃好，要是一餐没有吃好，吃零食是补不回来的，反而会影响下一餐的进食。我上语文课努力想尽办法给学生新鲜感，让他们感到有趣一点，好玩一点，补充一些他们不知道的知识，吸引他们的注意力。小学生的注意力容易分散，我们不能责怪孩子，而是要想方法让他们的注意力留在课堂上，留在学习上。我会关注每个学生的眼神，眼神会告诉我他的思想在哪里，当发现某个学生眼神游离的时候，我就会叫他站起来读课文或发言，让他们知道老师时时刻刻关注着每个学生。逐渐地，他们熟悉了我的眼神，开始怕遇见我的眼神，怕我叫他们发言，后来便喜欢我搜索到他们的眼神，他们也用自己认真的眼神与我相遇，我们便会会心一笑，这一瞥一笑胜过千言万语的表扬，真是此时无声胜有声啊！课堂上也多了几分安静的学习，少了一些浮躁的话语，我和学生的默契在于眼神的交流。霄翔记忆里课堂上有趣的故事、课外有趣的实践其实成了我们师生的学习常态。只要他们上课认真听了，下课他们提的任何合理要求一般我都会满足。有时候他们觉得提的要求有点过分，就让班长霄翔和我说，比如到河边捉蝌蚪、在教室里养蝌蚪、玩沙子、不上课去堆雪人、野炊等，我都答应了，还和他们一起玩，度过了很愉快的一段时光。遗憾的是，我只和他们这班同学一起学习了 3 年，之后我就考到临海工作了，我对没有陪伴他们到小学毕业感到很内疚，但是从他们那时候打下的基础和养成的良好习惯来看，我坚信他们会越学越好的，同时也一直关注着他们的成长。

后来，我和霄翔爸爸妈妈各自调动了工作，但我们一直保持着联系。霄翔考上大学了，工作了，结婚了，生子了，我都为他感到高兴。记得 2021 年除夕那天，我和他爸爸妈妈约了到椒江玩，他们盛情招待了我们一家，我们好久不见，聊得甚欢，直到天黑才回家。让我难忘和感动的是，午餐的时候，刚上完菜准备就餐，我的亲戚就到椒江找我有事，我让他们先吃饭，我去楼下等那个亲戚。我等了好久，等我和亲戚谈完事，我再回到餐厅，就看到大家还没有吃几口，霄翔竟然坐着没有动筷子，一直在等我回来，我开吃了他才动筷子。不一会儿，他接到一个紧急电话，就要赶去工作，还对我说抱歉，因为不能好好陪我吃饭。我很心疼他没有吃午饭就去工作了，更感动他竟然一直等着我吃饭，当然我也很内疚自己浪费了他就餐的时间。

后来每每想起这件事，我不再内疚了，慢慢变得自豪起来，一个学生对我这个老师这么尊敬，说明我是一个好老师；一个学生能做到这样，说明他的素质和品格必定很好！这件事一直在我心中，我一直没有和他交流过，我觉得这是他为人处世的习惯，也是让我们为师的可以放心的处事风格。在他身上，我看到了年轻一代的优秀品质，看到了新一代大陈岛建设者的高尚品格；在他身上，我看到了大陈的垦荒精神会代代相传，这样的干部一定会造福百姓，得到百姓的爱戴。

3

做一个全能的教师

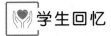

长大后，我就成了你

张冬青

记忆里，陈老师扎着辫子，辫尾微微卷着，裙摆随风飘动，总是美丽优雅的。下课的时候，她从走廊上走过，同学们围在她身边像一群蝴蝶围着一朵花，花儿闪着绰约的笑影。

陈老师教小学语文，她的作文教学是有秘诀的。

春天的田野微风吹，陈老师带领我们去春游。春的节奏在蜿蜒的小路间，在我张开双臂奔跑的步伐里，在飞入蓝天的幻想里……第二天，陈老师和我们一起回忆春游时的情景，让我们写出春游时的感受。那节课，我们的笔尖泻下一首首童真的歌谣。

之后的讲评课上，陈老师抑扬顿挫地朗读着我们的作文，读完进行讲评，还让我们发表自己的修改建议。经过陈老师的点拨，柳枝垂到小河里梳洗着秀长的绿发，布谷鸟唱起了"布谷、布谷"的歌儿……通过一次次的课堂教学，陈老师激发了我们对作文的兴趣，让我们在玩中体验生活、写下生活，领会了写作文的小秘诀！

陈老师那时还教我们音乐。在音乐课上，陈老师踏着风琴，自弹自唱，歌声悠扬，让音乐课的时间成了我们最期待的时光。

陈老师教我们吸气呼气，教我们正确的发声方法。我们感受着优美的旋律，音乐仿佛天使般在我们身边飞舞，和我们一起随着节拍学着舞蹈。还记得一次音乐考试时，我和一位同学一起一边唱着主题是"友谊"的歌儿，一边手拉着手跳着自己编的舞蹈。虽然很稚嫩，但我们把轻松愉悦的情感淋漓尽致地表现了出来。现在想来，陈老师激发了我们的创造力和表演欲，使我们深深地爱上了音乐。

那时候，我常常想：要是长大后我也能成为一位老师，像陈老师一样的多才多艺的老师，那该多好啊！小小的我，自那之后便更加认真地模仿陈老师读书的语气、讲课的表情、写字的模样……

长大后，我终于成了您，站在了三尺讲台上。一次上公开课《桂林山水》，我用声情并茂的朗读带领学生走入情境，用音乐感染学生，带他们领略祖国河山。听课的领导们笑着说："我们在你的课堂上看到了陈佩莉老师的影子！"打那以后，我在课前更加细致地钻研课堂教学，更多地想起那些年陈老师的点点滴滴。

幸运的是，在一次镇教学研讨会上，学校邀请了陈老师来给我们做语文教学指导。会上，我们全体老师轮流发言聊聊"我对语文教学的思考"。轮到我发言时，我说："我认为我们语文老师要学习，学习，再学习，在不断地学习中成长。"那个时刻，我想起小时候陈老师的一句教诲："人生要不断地学习，才不会落后，才不会被淘汰。"现在我用培训学习的收获来反思自己的语文教学，不正是这句话的体现吗？

会间休息时，陈老师问我："你的小学生活留给你印象最深的是什么？"我说了 4 个关键词：自由、团结、热情、向上。陈老师说："你待会儿可以在会上聊聊你的小学生活。"即兴发言对我来说是个挑战，我不由得紧张起来，但陈老师发话了我怎会置之不理呢？答应后，我坐回位置，在笔记本上把刚刚说的几个关键词写了下来，在关键词后面分别加了一个事例，最后加了一两个总结性的词句，提纲就确定了。这时，我的心跳才渐渐缓了下来。

轮到我发言了，我用小时候陈老师曾经教我们的方法深深地吸了一口气，以缓解紧张的心情。几分钟过去了，我条理清晰地分享完了我的经历，一点不像小时候发言时那样紧张，只知道脑海里自动冒出了一个个关键词。曾经胆小不敢发言的我也有如此精彩动情的即兴演讲，真是奇妙啊！

那个下午，我说，陈老师听，正如小时候的课堂，时间飞逝几十年，可不变的，是我们之间的情谊，是对博大精深的语文教学的热爱啊。

我很庆幸上小学时遇到了最好的老师——陈老师。她具有先进的教育理念，她执着地追求素质教育，她把她的影子烙在了我的身上——标准的普通话，漂亮的字，通顺流利的语言表达，对语文教学的不懈追求。

回望我 20 多年的教学生涯，我不断学习，在学习中反思，在反思中学习。学习，学习，再学习，慢慢地成长，慢慢地蜕变，辩证地去听别人的课，辩证地去审视自己的语文教学，我一直想成为像陈老师一样优秀的教师啊！

【涌泉中心校 1986（1）班学生，现涌泉镇中心校教师】

教育思考

读师范专业是我的唯一选择，因为我喜欢当老师，这份喜欢一直延续到现在。有人说，干着自己喜欢的事情就容易成功。我想这是对的，因为热爱，所以执着，所以认真。感谢所有教过我的老师们，一直以来对我关爱，从来没有骂过我。在我的学生生涯中，我是一个备受宠爱的人，是在表扬声中长大的人，我在学校里学习感到非常有安全感，这样的学习是愉快的，轻松的。感谢老师从小就让我当班长，养成了我认真做事、吃苦耐劳的习惯。在临海师范学校学习的 3 年，老师们严谨的治学态度、高深的理论水平让我感到自己是那样肤浅，也就更加认真学习了。普通话、粉笔字、毛笔字、弹琴、唱歌、舞蹈、画画、羽毛球等，都是我中考前所向往学习却又无法学习的。这些教师该有的基本功在临海师范学校的 3 年里得到有效练习。我也成为学校广播站播音员、合唱团成员、舞蹈队成员、书法协会会员等。幸运的是，在那个师范生上山下乡的年代，我被中心校领导挑选到了区中心校，我也就成了区中心校第一个师范学校毕业直接分配的人，成为当时学校里最年轻的老师，没有人教的课程，也都分给了我，音乐、美术、体育活动课我都教过。我脑子里想的就是要把农村的孩子培养成全面发展的高素质人才。

当教师后，我严格执行课程安排。学校给我排的是什么课我就上什么课，不占用其他课，也不拖堂，这是我一直以来坚持做的，学生们因此也很喜欢我。我把自己从师范学校里学到的努力教给孩子们，并且对他们要求也很高，我总认为，一个人很少会百分百地接收知识，要求定得高一点，就算没有百分之百地学到，也会学到比较多。我的严格、高要求一直伴随我至今，我成了一个追求完美的人。

语文课上，我重视朗读。当时的农村孩子，都没有说普通话的习惯，我就要求他们学着说普通话，要是谁不和我说普通话，我是不回答的，只用眼神和他们交流。语文课上，我教他们朗读，朗读时要注意气息，怎么吸气，怎么换气，怎么停顿。我们约定，遇见逗号在心里默数"1",遇见句号默数"1、2",遇到换行默数到"3",这样学生的朗读很有节奏,也很整齐。音乐课上,我重视学生的表演,发挥他们的创造力。我边弹琴边示范演唱,竭尽所能地把从师范学校里学到的知识教给学生们,他们可以根据歌词的内容和自己的创意边唱边跳,教室里安全、快乐而自由。学生们每天都可以接触到新鲜的事物,对我这个老师也就刮目相看了,他们在背后说,我们陈老师是全能老师。他们因我而自豪,我也因他们的爱而更加认真工作了。师爱生,生爱师,这是一种教育的和谐氛围,往往会创造出美好的境界。

张冬青从小是个胆小的孩子,在学校里,我观察到她是个非常认真、聪明且善良的孩子,做什么事都很努力。我鼓励她参加班干部竞选,她被选上了。从此,她做班级工作也就更加认真负责了,她的胆子也逐渐大起来,经常帮助同学。我印象特别深刻的事是同学尹彩萍骨折了,不能到校学习,是张冬青主动提出负责把每天在学校里学到的内容到她家当小老师讲给她听,和她一起完成各科作业,再把作业带回学校让老师批改,如此往复3个多月,因此彩萍同学整个学期没有落下一节课,到了期末还被评为"三好学生"。那时,我想冬青虽然胆小,虽然谨慎,但是她非常有责任感,有同情心,在帮助尹彩萍这件事上,她有着极强的表达能力和指导能力,她的全面素养会助力她成功的。

初中毕业后,她想读师范专业,征询我的意见,我支持她的决定。她考上师范学校以后,上实习课之类的都来找我指导,她因此得到老师同学们的称赞。毕业了,她和翁海燕、冯琦义一同被分配到了兰田山区任教，我还曾到那个被誉为"台州香格里拉"的兰田去看望过他们，看到他们安心快乐地在山区工作，我很欣慰。

后来，冬青结婚了，她想在城区买个房子，和几个同学商量，自己在乡下工作，买哪里的好呢？彩萍不假思索地说：买在陈老师家旁边。于是她真的在我家旁边买了房子，却直接出租了，他们自己一天也没有住过，有时候还到我家来打地铺睡觉。10 多年后，我和她说想置换房子了，她毫不犹豫地说，要跟我买在一起，于是就把她的房子出售了，又跟着我一起置换了房子。她只要有什么重要的事情，就会和她丈夫一起来找我商量，听听我的意见，用她的话说，我的建议不会错。我就会把他们的事当作自己的事情一样看待，换位思考，给出我的建议，供他们参考。我也很感谢他们对我的信任，我们之间有很多生活中的事情会互相分享，互相帮助。但是，在工作上，我对她的要求却很严格。虽然我们是同行，但她从不主动和别人说是我的学生，从不松懈，只会加倍努力，默默当一位好老师。

我想，是不是从小冬青就养成了当小老师的习惯，所以长大后才成了一位优秀的语文老师呢？熟悉我们的老师会跟我说：冬青很像您，字好，普通话好，上课好。我很欣慰，曾经在她幼小的心灵里播下了一颗善良而努力的种子，让这个农家女孩能全面发展，自信地站到了三尺讲台上，成为全能型老师，为党育人，为国育才。

4

板书，浓缩的思维

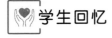学生回忆

师恩难忘　薪火相传

蒋　敏

周末，恰好不忙，我来到了女儿的书房，她最近学的课文正好是《狼牙山五壮士》，看着作业本里的题目，我的眼前不禁浮现出陈老师给我们上语文课的画面。"五位壮士屹立在狼牙山顶峰，瞭望着群众和部队主力远去的方向……"那时候，预习时，晦涩难懂的词语让我读得磕磕绊绊，长长的课文也总让我读了前面忘了后面。可是，陈老师的课却像

是有魔力，听完她的课，就觉得这些课文没那么难了。黑板上，陈老师大笔一挥，画了一座大山。"在山脚下，五位壮士做了什么呢?"陈老师发问。"简单，答案不就在第一自然段嘛!"我心中暗暗地想，手自信地高高举起，回答道："他们接受掩护群众和部队转移的任务。"陈老师给了我一个赞赏的眼神，在山脚处写上了"接受任务"。答对了题，我感到十分自豪。黑板上的四个大字仿佛在跳舞，诉说着我内心的雀跃。陈老师随后追问："那在山路上、棋盘陀、顶峰、悬崖边，五位壮士都做了什么呢?"我顿时被勾起了好奇心，不止我，大家都想让自己的答案被陈老师写在黑板上的那座大山上。于是，此起彼伏的翻书声、窸窸窣窣的铅笔圈画声，成了我们思考的伴奏。在陈老师的循循善诱下，故事的一个个情节从长长的课文中跳出来，精练准确地依次落在那座大山上。嘿，这么难的课文，竟然就这么轻松地掌握了，可真是神奇!

陈老师教授的每一节课，知识都是活泼又乖巧地钻进我们脑海里。多年后，我成了一名科学老师。陈老师那思路鲜明、一目了然的板书也深深影响了我。我在教学过程中也特别注意对板书的设计，力求简洁生动。这对我的教学效果和个人的专业发展都有极大的促进作用，也让我收获了累累的硕果。恰似一颗小小的种子，长在我的心田上。至今，每逢备课，我总是要想想我的板书该如何设计。

秋风阵阵，桂花树簌簌地响，我的思绪被猛然拉回，抬眼一望，桂树旁，点点金黄散落，我不由得想起了诗人龚自珍的"落红不是无情物，化作春泥更护花"。这真是像极了我的语文老师陈老师。关于陈老师的回忆，也如这桂花般芬芳而美好。

"脸上带点笑，表情要到位！"陈老师温暖的指导从记忆深处传来，萦绕耳畔。稚嫩的合唱声紧随其后："我有一个好爸爸，爸爸爸爸，爸爸爸爸，好爸爸，好爸爸……"是了，这是我们三年级的大合唱排练！陈老师事事躬亲，白天陪伴我们在知识的大山上攀爬，晚上又陪伴我们在音乐的海洋里遨游。我们练了一遍又一遍，可是，要么有人抢节奏唱，要么有人跟不上节奏，几十个人，总也唱不齐。这时，陈老师站出来说："孩子们，我们既是几十个人，也是一个人。几十个人唱得好不算好，几十个人如一个人唱那般整齐，才是实打实的好！"于是，在接下来的练习里，我们开始有意识地关注身边同学，放声一起放，收声一起收，努力做到步调一致。渐渐地，大家似乎融成了一个整体；渐渐地，大家似乎隐隐懂得什么是集体。

就在合唱日趋整齐时，陈老师抛给我们一个问题："孩子们，你们知道什么样的爸爸是好爸爸吗？"我们有说会做饭的，有说会洗衣服的，也有说会接我们放学的。"那什么样的爸爸，你们会叫他坏爸爸呢？"大家争先恐后地发言，"会骂我""会打我屁股""不给我吃零食……"陈老师笑了笑，接着问："爸爸为什么要这样做呢？你们有静下心来好好想过吗？"埋怨的声音霎时小下去了，另一种声音慢慢多了起来，"因为我做作业总是拖拉""我吃糖把牙吃蛀了"……一个更坚定响亮的声音出现了："陈老师，爸爸这样做都是为了我们好，这样的爸爸不是坏爸爸！"于是，在接下来的合唱中，大家都面带幸福的微笑，满怀深情与感恩，唱着"哪个爸爸不骂人，哪个孩子不害怕，打是亲来骂是爱……"

　　陈老师总在日常的小事中给予我们启发，让我们感悟生命之美好，感受亲情友情的温度。而今，我也这样教育着我的学生们。

　　遗憾的是，陈老师只教了我们三年，便不再教我们了。后来我上了初一，语文成绩忽上忽下，我不知向谁倾诉，这时候，我想到了陈老师，给她寄了一张明信片，在信中向她吐露了自己的烦恼。惊喜的是，陈老师居然给我回信了。她在信中这样写道："上中学了，老师也就把你们当作大孩子看待了，学习也要靠自己的努力了。不知你课前预习过没有？上课真的很专心吗？课后作业是否很认真完成？如果你做到这三点，我敢保证你学习成绩上升。"我不禁扪心自问，我真的做到这三点了吗？我的各门功课都做到这三点了吗？仿佛迷雾中的一艘小船找到了方向，陈老师的信就像灯塔，照亮了我前行的路。

　　时光一页一页翻过，关于陈老师的点点滴滴最终定格在我的记忆中。

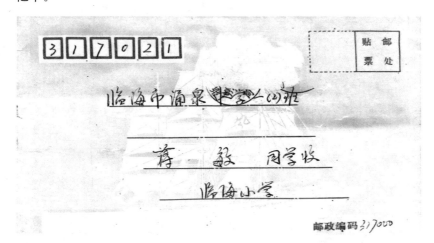

浙江省临海市涌泉小学

蒋敏，你好！

　　收到你的贺卡很高兴。从字里行间可以看出你长大了不少，为此我引以自豪，时时繁忙，正是为此。

　　蒋敏，你近来的语文成绩一上一下，不很稳定。不知你查过原因没有？凭我的直觉，这或许与你认真与否有关系。如果这一阶段你学习认真点，成绩就上去了，精神放松一下，成绩就下降了，你说是吗？我想，上中学了，老师也就把你们当作大孩子看待了，学习也靠自己的努力了。不知你课前预习过没有，上课真的很专心吗？课后作业是否很认真完成？如果你做到这三点，我保你的学习成绩上升。当然，还有一点也很重要，就是不懂就问，学问，学问，就要学要问，你说是吗？

　　几年不见，我将你交了许多，让老师都认不出你了，但在我记忆中，

浙江省临海市涌泉小学

你真是很诚恳，一件认真负责的小女孩，什么时候，我去涌泉，请你们同学们来玩，同时，我很欢迎你和同学们来临海来玩。蒋敏我问同学们问好，祝你们学习进步，永远快乐！

你的老师、朋友：陈俊君
黄子 9.1晚

61—6×983

【涌泉中心校 1992（3）班学生，现临海师范附属小学教师】

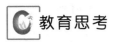 教育思考

我很惊讶，蒋敏竟然珍藏着 20 年前我给她的回信。从她同事的

口中得知，周末，她特地赶回老家把信找了出来，给她同事们看，讲我们之间的故事，同事们听着很感动，这让我也很感动。蒋敏还是小时候那个样子，高挑的个子，白白的皮肤，还是那样认真，那样内敛。虽然她成了一位优秀的小学科学老师，但我记得她小时候语文成绩也很好，书写漂亮，朗读好听，作文优秀，课堂上积极举手发言，一双眼睛总是很有神，她是班级里的学习委员。

想不到，几十年后，她回忆小学的语文课时，脑海里跳出来的是漂亮而新颖的板书。是的，从教以来，我一直觉得语文课很难给学生新鲜感，听说读写思，字词句段篇，虽然是螺旋式上升的，但是给学生的印象或许是在不断地重复练习着。遵循小学生的心理规律，他们比较好奇，容易对新奇的事物感兴趣，那么，在语文课上，怎么样传递给学生新奇有趣而又有语文味的知识呢？我想到了板书。曾经有人说，板书是浓缩的教案。但我要说，板书更是浓缩的思维，是作者的思维，是读者的思维。学生读着不同的课文，接触到的是不同作者的思维，加上自己的理解，就形成了自己的思维。在语文课上，我尝试着让学生参与板书、设计板书。学生在设计板书的过程中去认真学习课文，他们有的按照写作的顺序来设计板书，有的按照作者的感情来设计板书，有的则按照自己阅读印象最深的来设计板书，不管怎样，学生的思维是清晰的。在板书过程中，学生的逻辑思维得到了锻炼，他们的书写得到了练习，他们的审美得到了提高。有时候还要评选，谁的板书可以作为班级的板书被写在黑板上呢？大家在比较同学们的板书设计过程中，集思广益，有时候把大家的板书进行重组，进行补充，进行优化。这个过程，其实超越了简单的课文学习，学生的学习积极性高涨，他们的思维得到了有效发展。同时，他们也慢慢学会了辩证地来看问题。想不到当初的设计也得到了小不点们的认同，并印在了他们的心里。因此，作为教师，上课的时候要注重板书设计，老师的一笔一画就是在书写人生，学生的一笔一画就是在展示他们的智慧。在目前的科技时代，并不能用课件来代替板书，也不能用板贴来代替板书，教师和学生都要写好粉笔字，要让学生参与到板书中来，让他们真正参与到学习中来，让他们的思维绽放，让他们的学习过程展开。小小的板书设计，可以提高学生的核心素养，可以激发学生的学习兴趣。正像蒋敏所说的，当老师把她的发言当作黑板上的板书时，"黑板上的这四个大字仿佛在跳舞，诉说着我内心的雀跃"。可见学生当时是多么兴奋，这种激励引发了全体学生的认真阅读和思考，"大家都想让自己的答案被陈老师写在黑板上的那座大山上。于是，此起彼伏的翻书声、窸窸窣窣的铅笔圈画声，成了我们思考的伴奏"。像《狼牙山五壮士》这样思想性很强的革命文章，文章长，又远离学生的生活实际，不容易走进学生的心，想不到通过板书设计，引发了学生深入的阅读和思考，留给学生难忘的学习经历。在如今新课标强调以生为本、以学定教、素养导向的当下，精心设计板书，让学生参与板书，是否要引起我们教师的重视呢？正像成长为浙江省学科带头人的蒋敏回忆的那样："多年后，我成了一名科学老师。陈老师那思路鲜明、一目了然的板书也深深影响了我。我在教学过程中也特别注意对板书的设计，力求简洁生动。这对我的教学效果和个人的专业发展都有极大的促进作用，也让我收获了累累的硕果。恰似一颗小小的种子，长在我的心田上。至今，每逢备课，我总是要想想我的板书该如何设计。"

至于班级的大合唱《好爸爸坏爸爸》，我的印象也很深刻，这是我带他们到三年级时的六一儿童节的大合唱比赛曲目，这也是我陪他们小学阶段的最后一次大合唱。他们得了一等奖，高兴得欢呼雀跃，但我对他们也很愧疚，因为那年暑假我工作调动了，没有把他们带到小学毕业。在我的认知里，要唱好一首歌，除了专业的发声技巧外，更重要的是要用真情来歌唱。发声技巧不是人人都可以掌握的，特别是小学生，但用真情歌唱是人人都可以学会的。唱歌前，我先让学生读歌词，理解歌词，把歌词变成一篇篇美妙的课文，在理解歌词后，学生们自然会融入感情来歌唱，有时候他们读着读着就不由自主地唱起歌来了，这就是以情带声吧，大合唱得奖也是理所当然的事了。当时，唱歌被很多人认为是对学习没用的，但不管对考试有用还是没用，事物总是互相影响着的，不可否认，音乐会启发人们的智慧，学生的综合素养的提升不仅仅在书本上，不仅仅在课堂中，还在书本外、课堂外。记得这次大合唱以后，很多家长和我说，孩子们突然长大了许多，和爸爸妈妈的关系更亲密了，也更懂事了。现在想起来，孩子们在歌唱的过程中，懂得了父爱，也懂得了母爱，他们在这次大合唱的不断历练中成长了。

我自己很喜欢音乐，喜欢听音乐，也喜欢唱歌，因此我带的班级的孩子们都很喜欢音乐，我想这就是现在说的跨学科教学吧。我班里的孩子经常哼歌，看得出来他们很快乐，无忧无虑。我经常和孩子们说："很多科学家、艺术家就是科学加上艺术才成为天才的。你们认真学习，加上艺术，长大了一定也会成为天才的。"这是对他们的鼓励，虽说不可能人人都成为天才，但是人人都可以提升综合素养。这不就是在落实立德树人的根本任务吗？

5

习作，要看得见

学生回忆

因为有你

金海萍

走上教师这一工作岗位已有 22 年，回首过往，我庆幸小学时代遇到了这样一位好老师——她具有先进的教育理念，执着地追求素质教育，她说得一口标准的普通话，写得一手漂亮的字。这就是我最亲爱的陈老师！

她改变了我对作文的认知，提高了我的写作水平。小学 6 年，很

庆幸碰到陈老师这样的好老师，她人美心善，教学水平更是"杠杠的"！30多年前陈老师已经走在素质教育的前沿了。比如写作文，她不会局限于课堂上条条框框的说教，而是尽可能地让我们感受最真实的作文素材。记得四年级时有一次写状物的作文，老师就抽空带我们去了校园边的田里，让我们真实地感受豌豆花并做了作文要领的讲解。我写的作文参加镇里的比赛得了一等奖，引来了六年级的同学的"采访"——"你为什么能写出那么好的作文？"那一刻我觉得自己仿佛成了明星，心里有说不出的喜悦，当然，他们哪里知道是因为有陈老师的引导，我才能写出如此优秀的作文。就这样，陈老师激发着我们对作文的兴趣：我们在玩中体验生活，在交流中写下生活，在讲评中学习写作文的小秘诀。写作兴趣被激发起来了，真的有那种"下笔如有神"之快感，哪怕之后进入中学，我也多次在市里的作文竞赛中获得奖项与名次……尽管现在很少动笔写作，年少时的场景却是历历在目的。

　　因为有她，我更多地体会到了师恩如山。其实印象中关于陈老师和我们的更多的是课堂之外的事情。陈老师对学生的关心和照顾，让人感动。上小学时有些同学家里条件不好，每学期开学时经常会因为学费问题而发愁，老师就经常宽慰他们"没关系，先欠着"，或者直接先给他们垫付。记得有一次中午放学后，我回到家里，爸妈还没回家，锅里只剩下早上的一点冷饭。于是我想着，算了，中饭就不吃了，回学校做作业去吧。刚进校门就碰到了陈老师，问我怎么这么快回来了，中饭吃了吗？我撒了个谎，说自己吃好了。但是这逃不出陈老师的眼睛,她说"你跟我来",然后到校门口的小卖部买了个月饼给我。拿着月饼转过身,我的眼眶就湿了,因为陈老师的细心,也因为……现在我成了教师,日常教学中,我也会走近学生,走进他们的内心,想学生所想,急学生所急。

因为有她,一路走来,我学会了很多做人的道理。曾经少不更事的我们,免不了调皮、惹事,而因为有了陈老师的严格与宽容,我们的童年生活更加丰富多彩。那时学校附近的村里有一个粉笔加工厂,我们上下学的路上经常会看到大片的粉笔露天晒着。有一次在去上学的路上,几个好朋友提议说,我们拿点粉笔去教室吧,老师们上课可以用。于是,看四下无人,我们每个人往兜里装了一些粉笔就兴高采烈地往学校走去。那会儿我们觉得自己是英雄,为班级做了一件好事。当陈老师发现讲台上莫名多出来的粉笔时,问了一句:"这些粉笔哪里来的?"我们4个人齐刷刷地站了起来,说:"在外面地上捡的。"本以为会得到一通表扬,可结果陈老师马上变了脸,生气地拿起讲台上的教鞭。当时我心想完了要挨打了,自觉地伸出了小手。只见陈老师高高地举起教鞭,然后轻轻地落在我们手心上,"你们能为班级着想是好事,但这种行为是不应该的,放学后你们把粉笔还回去"。我们乖乖地听话,照做……那一刻明白了一个道理:不是我们的东西坚决不能要!而今,面对犯错的学生,我也努力做到严慈相济,以理服人。

毕业多年,我想我们的同学都会记得那些发生在你、我、他/她身上的和陈老师有关的点点滴滴,我们为有这样一位好老师而骄傲！

【涌泉中心校 1986（1）班学生，现华东师范大学附属台州学校教师】

教育思考

海萍的回忆把我带回了 38 年前，那时我们的交通还不发达，我们老师很多是住校的，那时候时间很慢，时间很多，时间很静。学校和我的家隔了一条灵江，作为一个年轻的教师，我住在学校，经常连周末也不回家，我全部的时间都和学生在一起。也许是初生牛犊不怕虎，我经常会在周末组织学生一起去田野里玩，去观察大自然的变化。我们在菜地里观察蔬菜的品种和样子，在麦田里观察麦秆、麦穗，在山野上观察小花、野草，尽管都是在农村长大的孩子，可是平常他们是缺少观察的，大家兴奋异常，因为这与家长要求他们去田里干农活不同，这回他们是在无忧无虑地欣赏，一点压力也没有，观察的结果可多可少。回到教室，我们就分享自己的新发现，谈谈感受。有的同学还把一些特别的花花草草采集来与大家分享，教室里热闹非凡。这样，我们集体度过了一个又一个愉快的周末。家长也不好说什么，毕竟孩子们在学习，有的孩子回家还更听话、更懂事了。有时候学校领导看到周末有这么多的学生来学校，就询问他们是哪个班的，来学校干什么。他们就自豪地说是陈老师班级的，来学习的，领导也就微笑点头了。其实学校领导从来也没有问过我，只是从学生的嘴里得到的信息，于是我就叮嘱他们要守纪律，不要让领导担心，不要让家长担心。他们懂事地点头，纪律也特别好，出去的队伍排得很整齐，观察时很爱护庄稼，从来没有踩坏过庄稼，他们也从不私自跑到河边去。这样，我就无所顾忌地带着他们一次又一次地外出。

印象深刻的一次是全市三年级抽测，试卷上的作文题是"春天的田野"。据学校参与改卷的金老师事后和我说，当时他们改卷的时候发现有一叠试卷的作文特别好，字写得也特别认真漂亮，引起了改卷老师的怀疑，他们议论是不是泄题了。其中有老师提出，看看他们写的文章怎么样，要是老师指导过的，那会出现同类作文。可是令他们惊讶的是，每一篇作文都是不一样的，内容不一样，开头、结尾也不一样，甚至写同样的事物，写得还是有点不一样。因此在改好试卷，拆分的时候他们特别注意了，这是哪个班的学生。当得知是我班里的学生的时候，大家都信服了，同样住校的金老师说，陈老师经常带学生去田野上观察，她班里学生的作文好也就不足为奇了。改卷老师就把我们班上作文写得好的同学当作了他们班级的榜样来宣传。之后，来我们班学习写作的高年级同学还不少呢。金海萍同学记忆里的六年级同学来采访，也是其中一次。我记得她当时是这样写豌豆花的："紫色的豌豆花像一只只紫色黑色相间的蝴蝶，趴在豌豆秆上采蜜呢！"仔细地观察，形象地表达，漂亮的书写，没有一个错别字，让她的作文得了满分，她也在全校出名了。后来，她的作文越写越好，很多次获奖。这样也就形成了良性循环，我们班同学对习作的兴趣极大地提高了，他们自觉地形成了观察、记录的好习惯，把观察到的真实情况记录下来就是一篇好文章。同学们也渐渐感到作文是不难的，是有趣的，还经常请求我下午放学后再留一会儿写写作文。他们这样的习作积极性，让我很高兴，也很自豪，教是为了不教，我们师生之间形成了相互促进的无穷动力。

30年后，当他们几个同学帮我搬家，翻出他们小时候的作文本时，他们惊讶地欢呼起来，拿着作文本和我拥抱在一起。当我再看到保存着的他们小时候的作文本，一学期竟然写了4本时，自己也被感动到了。那天，我把他们的作文本郑重地交还到他们的手中，我说，我代你们保管了30年，这些作文本随着我搬了好几次寝室，经历了好几次台风和洪水，接下来，请你们继续保管。当我的学生拿着我保存的他们的作文本回家时，他们在孩子和爱人面前炫耀了一番，得意了一番，他们让自己的孩子看到了他们小时候的优秀作文，他们告诉我，他们在孩子面前的威望一下子提高了很多。

出于职业的敏感性，我把几十年前的这些作文和他们孩子同年级时写的作文进行了比较，发现几十年前的孩子的作文写实优于现在的孩子，而想象不及现在的孩子。同样写六一儿童节，我的学生写的游园活动很有画面感，也有细节描写、心理描写，读了让人身临其境；他们孩子写的游园活动却没有画面感，缺少细节描写和真实的体验，虽然用了很多的好词佳句，但缺乏个性描写，读了感觉有点空洞。这也就是他们经常和我抱怨孩子们写作文很难、内容很空洞的原因了，因为作文是需要真实的素材的，孩子们在干家务活、干农活、做游戏、参加活动的过程中，观察到了变化，体会到了心情，写出来的文章也就有血有肉了，用简洁而朴实的词语写出了真情实感，这不就是优秀的作文吗？作文其实就是把看到的写下来，写下来以后让别人读了也能看得到你所看到的，听得到你所听到的，感受得到你所感受的，这就是我手写我心，彩笔绘生活吧。

对于海萍回忆里的送还粉笔事件，我现在想起来还是觉得好笑，小孩子嘛，只知道为班级做好事，不知道这是在做坏事。学校的隔壁是校办工厂，生产粉笔，粉笔经常晒在路边，学生拿点是很方便的。该怎么教育学生们不能拿呢？当时海萍是班长，她们几个班干部刚好拿了粉笔，我想这是教育全班同学的好时机。她们以为自己在为班级做好事，因为我们班的粉笔用得要比别的班级多，同学们出黑板报，板书板画，有时候粉笔只剩下一点点了，还在用，只要手指能拿得住。她们愉快地接受了我的建议，把粉笔还回去了，和工人道歉，还得到了工厂里工人们的赞扬。小学生的思想还是单纯的，他们的人生观和价值观还没有形成，当老师的要巧妙地启发他们。这次事件以后，我们班同学明白了一个道理，未经允许不能随便拿别人的东西。

教书育人，我想育人一定是优先于教书的。

6

课堂，站在育人的位置

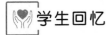学生回忆

爱因斯坦的三只小板凳

金曜远

回顾整个学生时代，我遇到过许多良师，他们都对我的人生产生了很大的影响；如今走上工作岗位已有多年，但与他们都联系甚少，其中最主要的缘由，还是担心自己没有取得辉煌的成就，有负师恩，不如默记在心。其中，陈老师是我小学阶段对我影响最大的一位老师，我很喜欢她的课堂，有两篇课文的教学课堂，我至今记忆犹新。

初读《三只小板凳》，陈老师给我们介绍了爱因斯坦的生平事迹，在我的脑海中留下了非常深刻的记忆。爱因斯坦是一位非常伟大的科学家。但是读完课文后，我顿悟了，原来伟人也不是样样全能的。爱因斯坦虽然在科学领域有很高的成就，但是他的动手能力平平无奇。我的手工能力也很弱，经常看到其他同学能很好地完成劳技和美术作业，我却迟迟不能动手动笔。爱因斯坦的老师，从一开始对他误解，到后来看到前面两只小板凳，理解了爱因斯坦的坚持和努力。我意识到每个人在各方面的能力是有差别的，人无完人。原先我还在因为手工方面的落后而感到自卑，每次都觉得处处不如别人，哪怕是成绩比我差的同学，完成的手工作业也比我优秀许多，我因此更加难受，从而否定自己的能力。但是看到爱因斯坦做小板凳，他一次比一次做得好，虽然最终成果也不尽如人意，但是这并没有影响他以后成为一名伟大的科学家。我突然就释怀了，物有所短，人有所长，每个人都会有自己的优点和缺点，只要不断放大优点，增强自信心，就能在自己有优势的领域大放光彩。陈老师教这篇课文带给我的启发一直伴随着我的整个读书生涯，后来踏上工作岗位后，我能积极面对任何事情，保持好的心态去面对人生。

上二年级时的那个冬天，平淡的一天被一场突如其来的大雪赋予了特别的意义。和往常一样，我们坐在教室里上课，外面小雪飘飘。突然雪大了起来，雪花肆意飞扬，我们的心也在此刻按捺不住了。土生土长的南方人哪里看得到那么大的雪，我们的内心开始雀跃。此时，陈老师仿佛看透了我们的小心思，她带着我们来到了天台上，这里有空旷的场地，可以让我们自由奔跑玩耍。一眨眼，我们班的同学们都穿梭在雪里了，雪越下越大，积雪也越来越厚，我们开始堆雪人、打雪仗，任由小手冻得红彤彤，也丝毫感觉不到寒冷。大家开心地笑着、跑着，在这场雪里，我们跟着陈老师，感受了生命里不一样的景色。后来回到了教室，陈老师趁热打铁，说："我们上一篇三年级的课文《第一场雪》。"同学们都热情高涨，这节课大家都听得格外认真，其中有一句话我至今还记忆犹新，"今冬麦盖三层被，来年枕着馒头睡"。陈老师带给我们一节沉浸式的语文课。语文的知识不仅仅是从课本上获得的，陈老师更加注重我们的情感体验，让我们能更好地体会生活的美。这篇课文的内容我到现在都还记得，关于文中描写的场景，有了丰富的情感体验后更加深刻。从这件事情上，我也认识到时机的重要性，在适当的时候做适当的事情，将会事半功倍，玩雪不仅仅是陈老师带给我们的快乐体验，更是对学习这篇课文的铺垫。恰好有这场雪，陈老师适时调整了学习内容，提前给我们上三年级的课文，让我们更好地理解文义。虽然这篇课文不是这学期要求的内容，但是机会错过了就不会再有。陈老师面对课堂教学的从容和果断，让我感觉到学语文不单单是为了应付考试，在语文学习过程中，我获得更多的是人生体验和感悟。所以时机的重要性那时就在我心里悄悄萌芽，做事情要讲究时机，要善于发现，不能按部就班，应随机应变，才会收获更多。

如此这般，短短 3 年，陈老师凭传道授业解惑之职，为我拨开了人生的迷雾，成为我成长旅途中的一盏明灯。陈老师的课堂总能带给我很多人生启发，让我迈出了走向成熟的第一步。

【临海小学 2001（6）班学生，现任职于温岭市质量监督局】

教育思考

　　和曜远分别 20 年后，有一天他和他妈妈不断地打电话联系我，因为那天我有公事没带手机，电话没人接，他们急了。后来我回了电话，我们在电话两端都很兴奋，原来是曜远要结婚了，邀请我去见证他的幸福。他和妈妈说，在他人生的大喜日子，很想请对他人生有帮助的人，我就是其中一个。但他担心我不记得他，不会参加他的婚礼，因此让他妈妈帮忙一起打电话邀请。但他不知道的是，作为老师，曾经的学生记得她，还特别邀请她参加婚礼，那是非常幸福的事，我满口答应，欣然前往。他们举办了一个简单而浪漫的草坪婚礼，主持人就是新郎和新娘。我欣喜地看着他们，听着他们用标准的普通话、圆润的声音讲述着他们的相识、相知、相爱，为他们美好的爱情故事而感动，欣慰眼前这位帅哥已经长大了，成了一个有担当且刚毅的男子汉。

　　在我心中小时候的曜远是这样的：腼腆、善良、认真、重感情。因为台州撤地建市，他的爸爸妈妈随着单位的搬迁到椒江工作了，他也就成了名副其实的留守儿童。平时上学放学他是自己走着来回的，有时候下雨了，由爷爷奶奶接送。他比较听话，比较胆小，感情也很细腻。有时候他想妈妈了，就到讲台上来，站在我的身边，我看到他眼睛里的泪花，就知道他想妈妈了，我就抱着他，他就会在我怀里哭出声来，释放着感情。那时候，我成了他的代理妈妈。

有一件事深深地印在我的脑海里，一直感动着我，启发着我。有一天我正上着课，突然肚子疼，疼得我条件反射地趴到桌子上了，同学们还没有反应过来，小小的他马上跑上讲台，抱着我哭喊："陈老师，陈老师。"等我缓过神来，摸着他的头安慰："别怕别怕，我没事。"第二天，他竟然给了我草珊瑚含片，说我的嗓子哑了。那时，我惊呆了，小小的他竟然这样懂事。想着平时他想爸爸妈妈的时候还黏在我身上，我抱着他，哄着他，似乎还很小，但是突然间他就长大了，他会照顾人了，他的感恩让我一直感动着，为师如此，夫复何求。

我一直以为，当教师不单单是传授知识，衡量学生的不单单是学习成绩，学生的全面发展和可持续发展才是教师的教育成果，学生的这个"人"才是教师应该教育的。《义务教育语文课程标准》指出：工具性与人文性的统一，是语文课程的基本特点。我认为，在课堂上，学生学到的不单是知识，更是怎样做人。生活即教育，教育即生活，课堂就是一个小社会。在语文课上，除了字词句段篇、听说读写思外，我还经常让学生们谈谈对学习的感悟，一是巩固所学的内容，二是锻炼他们的口头表达能力，三是让学生们的认知通过交流得到进一步提升，同伴之间的学习有时候更容易碰撞出思维的火花。《三只小板凳》的故事让他印象深刻，一直鼓励着他走向成功，这正体现了"教材无非是个例子"，我们要用教材教，而不是教教材，我在努力实践着。

《第一场雪》的教学纯属偶然，也是我提倡无压力学习的一个例子吧。记得那天早读课，我到教室里陪读的时候，发现在教室里早读的同学不多，有的还东张西望的，有的竟然已经跑到操场上玩雪了，看到这一反常现象后，我问他们：你们之前没有玩雪吗？他们争先恐后地回答：没有！昨晚下的雪，早上起来就上学了！操场上的雪都被来得早的同学踩坏了！看到大家失望的表情，感受到他们渴望玩雪的心情，我笑了，因为我想到一个地方的雪是谁也没有踩过的，趁着没有融化还可以看到满地的白雪。于是我和还在班里的同学们说，你们把同学们找回来，我们一起玩雪去，看看哪个会拍照片的家长今天有空可以和我们一起玩。阮写艺自告奋勇地举手，说可以让她爸爸妈妈一起来玩。同学们到齐了，上课铃响了，我对全班同学说：学校里有个地方的雪一定是没人踩过的，但是这个地方比较危险，假如大家想玩的话，能不能保证安全，不做危险的事？毫无疑问，所有人都信誓旦旦地保证能做到。于是我告诉他们，雪在我们教室的楼顶平台上。那里平时是关着门的，不允许上去，我向校长请示一下，看能不能给我们上课用。同学们听到都欢欣雀跃。得到学校的同意后，我让班长和上午的其他任课教师请好假，因为我们一上午都要上语文课。我们分好组，规定了要离栏杆一米远玩雪，不要用雪球砸人，不可以抓起一把雪就打雪仗，不能伤到人，比一比哪一组的雪人堆得好。同学们信守承诺，堆好雪人拿出红领巾给雪人戴上，到学校食堂要了红萝卜、黑炭给雪人做鼻子和眼睛，一个个活生生的雪人立在楼顶，一阵阵欢快的笑声在楼顶荡漾。

回到教室，我去复印了下一学年要学到的课文《第一场雪》，让同学们读，请他们思考：我们昨晚的第一场雪，和课文写的第一场雪有什么相同和不同之处呢？同学们自主读书、讨论、思辨，课堂里充满了快乐。课后，同学们写了一篇日记，记录我们玩雪、读雪，同学们对此兴致盎然。记得后来我工作调动了，杨超宇同学也曾给我写过一封信，他说每当下雪的时候，就会想起我。我想，我是给了他们快乐的童年吧，南方的孩子很少见大雪，玩雪后印象特别深刻。少上一节课没有什么，要是让学生的童年少了快乐，那可不行。课堂，应该站在育人的位置上，每一节课都要让学生感到生命成长的快乐。现在回想起来，我当时是胆大的，只想着满足南方学生玩雪的心愿，当然也了解学生，相信学生是可以做到安全玩雪的，脑子里印着冯骥才《珍珠鸟》里的一句话：信任，往往创造出美好的境界！

7

唤醒　激励　鼓舞

学生回忆

一声老师　一生老师

冯琦义

我的小学语文老师，她有一个很好听的名字——陈佩莉。

我们读一年级时，陈老师也刚刚从师范学校毕业。那个时候，很多老师上课都用方言，同学们平时交流毫无疑问说的都是方言。上学第一天，陈老师就用她一口流利的普通话征服了我们。我们都只会说方言，一句普通话都不会说，陈老师上课时用标准的普通话带着我们

学习，下课时就带着我们用普通话进行最基本的日常对话。一开始，大家都不会说，也有点不敢说，慢慢地全班同学都能自如地和老师、同学用普通话进行对话。陈老师还规定只要进了校园就必须说普通话，我们班就成了全校唯一一个连下课都用普通话交流的班级。走在路上，跟自己班同学用流利的普通话说着话，这个时候其他班级的同学就会用羡慕的眼光看着我们，我们油然而生一种自豪感。

读师范学校时，要参加普通话测试，其他同学需要白天黑夜不断练习，我得益于陈老师教给我们的标准的普通话，学得非常轻松。

要说我的作文写得最好的时候大概就是小学。一到春天，学校旁边的田野里就开满了各种花，陈老师会把我们全班都带到田野里，然后教我们怎么观察景物，回到教室再细细地跟我们讲怎么写开头，怎么写过程，怎么写结尾，怎么使用排比句、拟人句、比喻句……经陈老师这么一讲解，写作文就成了一件轻轻松松的事情，虽然我们那时候没有很多的课外书可以看，但是我们有陈老师这个大书库，依然能写出一篇篇优美的作文。

陈老师批改作文特别认真，每一篇作文都会认真地批改，而且会用很多时间来进行讲评。作文里用得好的词语，她会在下面画一个个红圈圈，写得好的句子，她就会画上波浪线。每次拿到陈老师批改完的作文本，我就迫不及待地要去数一数我有多少红圈圈，有多少波浪线，然后还要跟旁边的同学比一比谁的红圈圈多，谁的波浪线多。为了得到更多的红圈圈、红线线，我对待作文特别上心，总是写了又写，改了又改。

　　小学时还有一件让我们特别自豪的事情就是我们班经常上公开课。那时候没有阶梯教室，上公开课的大教室是两个教室拆了中间的门板合并成的一个教室，我们坐在中间，周围被听课的老师围得满满的。记忆最深刻的是有一次陈老师带领我们上公开课，其中有一段话陈老师要请一个同学站起来朗读，我平时胆子就有点小，每次举手都需要鼓足勇气，有这么多的老师听课就更不敢举手了，但是内心又很想站起来读。这时候我发现陈老师正用鼓励的眼神看着我，好像在对我说：不用怕。我忽然就有了莫大的勇气，高高地举起了我的小手。陈老师果然叫我来读，我站起来大声地、有感情地把这段话顺利地读完了，得到了同学们热烈的掌声，心里别提有多美了。在陈老师一次次的鼓励下，胆小的我也成了上课举手发言的积极分子。

　　一声老师，一生老师。陈老师对教育的赤诚，对学生的理解，深深地影响着我，在我心里埋下了一颗向往广阔天地的种子，种子慢慢地生根发芽，现在我又尽可能地影响着我的学生。

　　【涌泉中心校 1986（1）班，现涌泉镇中心校教师】

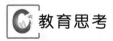 **教育思考**

　　我一直奉行德国教育家、号称"老师的老师"——第斯多惠说的

一句话："教育艺术的本质不在于传授本领，而在于激励、唤醒和鼓舞。"从这句话中，我认识到当小学教师其实拥有爱心大于拥有高深的知识，教师只要有足够的爱心，从心底里喜欢学生，对学生多鼓励、多表扬，效果就要比多布置作业好得多。众所周知，学习是学生的事，每个学生要开动脑筋才会学到知识，而不是靠教师教和批评。尤其是小学生，认知水平不够高，对教师还是比较尊敬的，要是教师一味地批评，有的学生可能还不知道为什么会受到批评，甚至会有些害怕。有一次，我看到一个学生被妈妈批评了，这位妈妈很生气地叫学生认错，学生不知所措，妈妈更生气了，叫喊着："还不认错！还不认错！"我拉过学生，轻声问他："你做错什么了？"他说："不知道啊。"我又问他："那你做了什么事？"他把事情说了一遍，我跟他说哪里做得不对，所以惹得妈妈生气，赶快去道个歉，学生点点头。从此以后，我明白了，学生有时候对自己做的事情是不知道对错的，他不知道错在哪里。你批评他，你生气，这是你自己的事情，对学生是没有一点好处的。因此，小学教师应该少点批评，少生点气，应该多和他们讲道理，多鼓励学生，唤醒他们的求知欲，让他们主动学习，这样的学习才是有安全感的，也是快乐的。

琦义从小是个文静而胆小的孩子，坐在教室里很不起眼，但是你看她的大眼睛却是忽闪忽闪的，她学习很认真。在我的教育理念里，面向全体才是优秀教师该做的，不能眼里只看到几个高高举起手的孩子。对于教师来说，班级里的孩子总有优秀的和一般的，但对于家长来说，每个孩子都是优秀的。我特别关注那些不举手发言、胆怯的孩子，琦义就是其中一个。课上，我发掘她的优点，用眼睛注视的方式鼓励她，因为这是我和学生们的约定，我们要互相看眼神，有时候无须说话，就能让教室里保持安静。她看懂了我的眼神，我对她的鼓励让她自信地举起手来。大家的掌声对她又是莫大的鼓励，从此她自信起来，学习也越来越积极。我记得那时候，我经常刻蜡纸印一些兴趣题给同学们做。他们对这些作业是非常感兴趣的，挑战难度，用心地完成。一次，我照例印了练习题发给大家。放学后，琦义一个人走进我的办公室，怯生生地和我说："陈老师，练习纸还有吗？我想再做一遍。"我很惊讶，这个小丫头竟然想多学习，而且能大胆地向我要作业了。我给了她一张，告诉她一样的题目不需要重新做，要是做错了可以再做一遍。我心想，要是学生都能这样主动地学习，不正是我们教师所期盼的吗？第二天，我把这件事当着全班同学的面说了，再一次表扬了她肯学习的好品质。此后，她不再默默无闻，而是成了同学们眼中的学习积极分子。

琦义记忆里的我带他们到田野里观察再写作文的事，金海萍也有深刻的记忆，这里不再重复。琦义说的作文评改，以及作文本上的红圈圈、红线条，我一直是这样做的。我认为，学生作文水平不高的一个主要原因是作文讲评课没有上好，学生不知道自己哪里写得好，哪里写得不好，学生的作文没有提高的过程，他们也不知道提高写作水平的方法。好文章是改出来的，讲评课大于习作课、指导课。在我任教的班级里，同学们很喜欢上习作讲评课。他们在拿到自己的作文本之后，会看一看这次作文的分数，再数一数有几处得到了老师的表扬。在讲评课上，我不但展示同学们的习作，还把评价权交给了学生。我会叫一些学生上台来读作文，其他同学认真听。读后，让这位读的同学请其他同学提提建议，一起讨论这篇作文哪里写得好，哪里不够好，可以怎么改。这个过程，就是学生们认真倾听、认真思考的过程，也是他们面对面讨论修正作文的过程，他们在比较中懂得遣词造句，懂得怎么才能写得真切。久而久之，学生的作文水平提高了，他们的表达能力提高了，他们的沟通能力也提高了。

不管是上课，还是写作文，或是其他学习上的事，教师都应该善于发现学生身上的闪光点，给予学生激励、鼓舞，唤醒他们的聪明才智，调动他们学习的主动性和积极性。这样的学习对于学生来说才是有安全感的，他们才会专心地学习，快乐地学习。

琦义毕业后当了一名小学数学老师，她和张冬青回到小学的母校当老师。虽然我和她教的学科不同，但是相遇时同样很亲切。每次我到她学校去，她看见我就会跑过来打招呼，美丽的笑容就像心底开出的花。每年教师节，她和冬青都要相约来看望我，到我家相聚，我们谈天说地，无拘无束，她们仿佛回到了少年时期。有时候，她们会把自己的教学和我的教学进行比较，把小时候的她们和现在的学生进行比较。为什么她们和我的感情这样深？为什么她们小时候似乎要比现在的学生快乐？是不是现在的家长对教育重视了，作业加多了，各种辅导班多了，学生忙了，学生的全面素养高了？

我提醒她们，作为教师，我们应该做的是提高课堂教学效率，激发学生的学习兴趣，在课堂上尽可能地提升学生的综合素质，发展他们的思维，还要多鼓励他们，课后挤时间和他们多玩，亲密的师生关系有助于培养他们对学校的归属感。相信将来，他们长大了，还能记得小学老师对他们的教育，记得对他们鼓励的眼神、亲切的微笑。让唤醒、激励、鼓舞在他们的心中生根发芽。

8

让学生展示成功，自信满满

学生回忆

我的偶像

冯美玲

真是时光飞逝如电，把时间倒回到 38 年前的小学时代，如果你要问我是否有烙在心中的人，那就是唯一的那个人——陈佩莉老师。

她是我的恩人，是我和同学们的骄傲，更是我心中的女神！我是农村孩子，38 年前从幼儿园升到小学，有幸分到陈佩莉老师的班，那时她刚从师范学校毕业，我们成了她人生中的第一批学生。报到的

第一天见到她，我至今都非常清晰地记得：高挑的个子，白皙的皮肤，乌黑的长发。就这样，她在我心里如女神般地存在着，从那一刻开始她就是我的偶像，我希望自己长大能像她一样美丽。

陈老师是我们的语文老师，也是班主任，第一堂课上下来，她好听的声音、一口标准的普通话（在当时是非常难得的，我们平行班老师讲的都是方言）、一黑板漂亮整齐的粉笔字，让我彻头彻尾地喜欢上她了，我非常佩服她，认真学习着她优秀的各方面。在她的带领下，我们班一直是平行班中德智体全面发展的班级，而且一直保持到六年级小学毕业。我在陈老师的栽培，以及自身的努力下，6年里拿了很多荣誉，参加过各种比赛，担任过各种职务的班干部。

记得有一次上全市公开课，我们学习《草原》这篇课文，很多人到我们班级来听课。在陈老师的课上，我们特别认真，把平时锻炼的能力都用上了。陈老师叫我朗读课文，我站起来就像平常当播音员一样有感情地朗读，得到了全场热烈的掌声，那一刻，我特别自豪，从此我也成为德智体全面发展的学生。我的母亲给了我生命，我遗传了她刻进骨子里的那份善良，而陈佩莉老师给我注入了能力、魄力和自信，给我的人生打下扎实的基础，使我成为自信满满、能力满满的女人。当然这么多年来，她也是我唯一一直当亲人在走动的老师，她常常会给我力量，让我在困难、迷茫时淡定从容，勇敢前行……

当然，陈佩莉老师在我们小学的6年里，也积累了很丰富的教育经验，获得过很多奖项。在我们毕业之后，她参加了全市的优秀教师选拔，被挑选到临海市临海小学任教，听说在100多名老师中，通过层层比赛，她以综合成绩第一名入围。那时候我刚读初三，看到陈老师上报纸了，我非常激动，我向我的新同学夸赞我的陈老师，现在落笔时想起依然感到自豪、骄傲。当时我的优异的成绩、一口标准好听的普通话、一手漂亮的好字，自然赢得同学们的赞赏和新班主任的喜欢，这难道不是陈老师教会我的吗？

我初中、高中毕业，又一个 6 年，陈老师在市区里凭借自己的努力，拿下了更高级别的奖项，连续成为省人大代表、市人大代表，带出了无数优秀学生，桃李满天下，我为她骄傲。其实我知道她对我的期盼，希望我能读一个好的大学，但我却选择了高中毕业后去做服装生意，因为我向往自由不羁的生活，喜欢设计衣服，立志要用一辈子做好一件事情，做好品质的服装，服务好所有喜欢服装的人。保持初心，只有更好，没有最好，专注、专心都是陈老师的教诲，我铭记在心，感恩在心。爱你，陈老师，我永远地爱你！您是我心中永远的女神和骄傲！

【涌泉中心校 1986（1）班，现 MEEBEST 服装创始人】

教育思考

感谢美玲，这是她晚上直播后连夜写出的回忆，她说自己一气呵成。美玲是懂我的，我们之间有很多理念是相通的，有时候一个眼神、一个微笑就代表了我们要说的话。她也很像我，直爽公正，追求完美，能者多劳，就是太辛苦了。

在 20 世纪 80 年代，我们读初中的时候，记得有句话是这样说的：学好数理化，走遍天下都不怕。在这句话的感召下，我的数理化成绩一直都很不错。我成了一名语文老师后，也经常和学生们说：写好字，说好普通话，走遍天下也不怕。那时的农村孩子，还真没有几个会说普通话的，老师上课时不时夹杂着方言也是常态。于是，从我踏上讲台上第一节课开始，我就和同学们说了，我们要说普通话，要是谁不和我说普通话，我是不回答的，要是你和我说话，而我不回答你，那就是你没有说普通话。所以，在校园里，我班里学生的辨识度很高，只要是说普通话的基本上是我班里的学生，由此，他们也常常得到老师们的表扬，有时会跑回教室跟我分享他们的自豪，他们也就对说好普通话更有积极性了。在学说普通话的要求下，同学们自然很认真地学习拼音，他们对此感到新奇、有趣，一年级的拼音、汉字也就很快掌握了。

怎么培养他们的自信心呢？我借着自己曾经是学校播音员的身份，和同学们讲播音的时候是不能读错、回读的，要把声音播出去。一个学生站起来朗读的时候，就把教室当作演播室，大家屏住呼吸，听听这个"播音员"是合格还是优秀。这样的练习非常好玩，教室里立刻安静下来了，朗读的同学特别卖力，倾听的同学非常仔细。读完后其他同学进行评价，这不但培养了他们的听说能力，还培养了他们良好的心理素质。在一次次的成功体验当中，很多同学的朗读是不会出错的，他们能掌握朗读的节奏和音量，俨然成了一个个小小播音员，享受着成功的快乐，学生们的自信心也逐渐增强。或许你要问，这样的练习是不是太浪费时间，跟考试有关系吗？很多老师和家长太看重成绩了，只要跟考试无关的、跟成绩没有直接关系的都不想做，这就大错特错了。在以学为主的今天，这种练习正体现了把课堂还给学生的理念。学生在朗读过程中不但练习了朗读能力，培养了专注力，更养成了身心融合的习惯。静心学习是非常重要的。

美玲同学从小就是一个全面发展的孩子，她长得漂亮，声音好听，普通话准确，字写得漂亮，唱歌好，还是运动员。当她的能力展现出来的时候，她就被选为班干部了，她的组织能力也得到了极大的发挥，加上她公平公正、敢于管理班级，同学们都服她了，她也成了同学们的"头"。我一直很遗憾她不当老师，在我心中，她本来能成为一名优秀教师的。很多年之后的教师节，她捧着一束鲜花，带着她自己设计的衣服来看我，她说自己会赚钱了，来感谢我。她告诉我，她的成功始于小时候，她的普通话、她的字给她在商场上加分了，很多同行和朋友都会羡慕她，她的直爽大气让她在商场上有了更多的合作伙伴。我很欣慰，我的学生能记住我，我能带给他们一生好的影响，我是个合格的老师。当我看到她几十年做服装的专注和魄力，当我看着她在直播间自然地和顾客交流，我仿佛看到她小时候当播音员、当班干部的样子，这种自信，是刻在骨子里的、流淌在血液中的。小时候的成功带来的是自信、自力、自强！新课改不是强调要以生为本，以学为本吗？以生为本的一种做法就是多搭建能让学生展示的平台，让学生在展示的过程中享受成功的快乐，培养学生的自信心，从小养成的自信心会伴随学生的一生。这不正是十年树木，百年树人吗？

9

阅读　思维　团结

学生回忆

那些年，陈老师教会我成长

尹彩萍

在人生的旅途中，我们总会遇到那些为我们点亮前行之路的人。他们以智慧和爱心为指引，帮助我们探索未知的世界，使我们成长为更好的自己。在我的人生路上，陈老师就是这样一位不可或缺的引路人。她不仅是我的语文老师，更是我心灵的导师，陪伴我，教诲我，助我成长。

所谓"兴趣是最好的老师"，陈老师的教学思想先进，注重启发式教育。在教学中，陈老师注重培养和激发学生的学习兴趣，力求做到让我们能在语文学习中享受学习的乐趣。在导入新课时会根据不一样的课文类型，设计不一样的导入方式……

在那个充满欢声笑语的教室里，有时陈老师会点名同学接龙背诵。我的心也会随着轮数的接近而怦怦直跳，期待着自己能够顺利完成背诵任务。有时轮到我时，我站起身，深吸一口气，很庆幸这一句或这一段我刚好能背，于是流畅地完成了任务。然而当对背诵内容有些陌生时，我的脑海中往往一片空白，一个字都记不起来，只傻呆呆地看着大家。同学们见状，纷纷发出笑声，我也无奈地做了个鬼脸。随着时间的推移，我也明白背书并不是单纯地靠记忆，而是需要技巧和方法的。在后来的日子里，我学会了如何高效地背诵，不再畏惧上台发言，也能自如地发表自己的见解和观点……

在那时，我每天最期待的时光就是早读课，因为陈老师会讲述那些精彩故事。每当晨曦初露，我们便迫不及待地来到教室，围坐在陈老师身边，聆听那些来自遥远国度的传说和寓言。陈老师的故事书是一套手掌大小的册子，每一本书都充满了神奇的色彩。从《白雪公主》的善良与纯真，到《一千零一夜》的奇幻与冒险，再到《365夜故事》的智慧与启迪，这些故事如同一颗颗种子，深深植入我们幼小的心灵，引导我们向着知识的田野探索。

为了让我们每个人都有机会接触到这些宝贵的书籍，陈老师特地安排了图书馆自修课。对于我们来说，图书馆就像一座知识的宝库，充满了未知和神秘。陈老师带领我们走进这座宝库，让我们自由地挑选自己喜爱的书籍，每个人都沉浸在各自的故事世界中……

陈老师还经常借来各种书籍给我们看，鼓励我们多读课外书，提高自己的阅读能力，增加知识储备。她还叫我们家里有课外书的同学把书带来和大家分享着看。通过阅读，我们开阔了视野，增强了求知欲，更想要去了解外面广阔的世界。

陈老师鼓励我们思考问题，激发我们的创新精神。无论是小组讨论还是个人发言，她总是引导我们积极地表达自己的看法。这种教学方式不仅提高了我们的表达能力，更培养了我们的思维能力和创新精神。在她的引导下，我们学会了深入思考问题，敢于挑战传统观念，勇于探索新的领域。

陈老师注重普通话教学，严格要求我们讲普通话。她告诉我们，普通话是连接不同地区、不同文化的重要桥梁。通过讲普通话，我们能够更好地交流与沟通，打破地域和文化的隔阂。在她的坚持下，我们每天轮着值日，每天一进教室就讲普通话，违者则要被处罚值日。在这样的严格要求下，我们很快就养成了讲普通话的习惯，我们的语言水平大大提高，这也让我在之后的学习中受益无穷。

除了课堂教学，陈老师还非常注重课外拓展。课间活动时，陈老师总是带着我们做各种有趣的游戏，如老鹰捉小鸡、丢手绢、跳绳等。在游戏中，我们收获了快乐，也学会了互相配合、互相帮助。

陈老师的教育思想非常人性化。她关心每一个学生，注重每个学生的个性差异和全面发展。当我参加演讲大赛时，陈老师耐心地指导我如何将情感融入演讲中，包括面部表情、眼神、动作、语速和语气等。她还教育我们要坚持到底、永不放弃。无论是在学习中还是在生活中，遇到困难时都要勇敢面对、努力克服。

有一次拔河比赛，我们班的队员大部分是小个子，而隔壁班则相反，都是大个子。比赛开始时，我们扎好马步，脚与脚相接，两只手紧紧地抓住绳子，使其保持在一条直线上。但是我们个子小，力气不够，眼看红绳标记快要到对方那边了，大家快要放弃时，只听见陈老师说："大家坚持到底，永不放弃！"这简短的一句话就像一股神力一样传递到我们心里。我们咬紧牙关用力地拔，最后竟然赢了比赛！这次经历让我们深刻体会到了团结就是力量！陈老师的言传身教和人格魅力深深地影响了我。她用自己的行动诠释了"教书育人"的真谛。

后来我因不小心摔了一跤而骨折，原本打算休学一年的，但是陈老师和同学们的关心和鼓励让我重新振作起来。在家休养期间，陈老师布置作业并安排同学来我家给我当小老师给我上课，犹记得当时有一课，我有几个章节听不懂，是张冬青耐心地讲解，我在家反复地推敲才明白。同学们不管刮风下雨都来给我上课，她们的帮助让我在家也能认真完成学业。到期末考试时，我的语文和数学都考了 95 分以上。我激动得热泪盈眶，这一切的进步和成功都离不开陈老师和同学们的关心和支持！

陈老师的教学思想和教育思想是一脉相承的。她不仅教给我们知识，更教给我们做人的道理和成长的方法。在语文课上，她通过启发式教学培养我们的思维能力和创新精神；在课间活动中，她通过游戏培养我们的团队协作精神和竞争意识；在课外拓展中，她通过阅读开阔我们的视野，增加我们的知识储备。这种教育方式充满了智慧和爱心，让我们在快乐中学习成长。

如今我已走上了自己的人生道路，但每当回想起陈老师的教学和教育思想时，我的心中总是充满了感激和敬意。正是她的悉心教导和无私付出才让我在成长的道路上更加坚定自信，能够勇敢地面对未来的挑战和机遇。在未来的日子里，我将继续秉承陈老师的教育思想，不断学习、不断进步！

【涌泉中心校1986（1）班学生，现临海市第一人民医院副主任护师】

教育思考

彩萍是毕业后和我接触最多的学生之一，因为她的工作单位和我家离得很近，上班下班经过我家，她经常会来坐一坐。她是医护工作者，工作非常认真负责，扎针的水平很高，她经常说小时候我要求他们认真细致，现在她工作时也特别仔细。我身体上有什么不舒服就会找她，她说她是我的健康卫士。

小时候的彩萍学习很认真，做事情很专一，很有韧性，做什么事都要做得很好，学习成绩也越来越好，到毕业的时候已经名列前茅了。我对她深刻的记忆是她小时候脚骨折了，不能到校学习，她妈妈很简单地和我说，她要留级，不能上学了。我觉得很可惜，告诉她妈妈，彩萍无须留级，在家没事做会很无聊的，她这么爱学习完全可以在家学习啊，平时可以叫同村的同学把作业本给她带回去，把课堂上学的再教给她，周末我可以到她家辅导她。几个月的时间里，张冬青同学几乎每天放学后去她家，然后把课堂上学到的各科知识讲给她听，晚饭后又到她家和她一起做作业，第二天把作业本带回学校让老师批改。如此循环往复，尹彩萍同学不但没有落下课程，反而学得更好了，到了期末，她回学校考试，竟然考得非常好，还被评为三好学生。彩萍的学习力引起了同学们的惊呼，同时，张冬青的善良无私也让我很感动，这么一个不善言语的小姑娘可以做得这样好。一个小学生，你要相信她的能力，当她要成为别人的老师时，她可能会更加认真地听、认真地学，在教别人的过程中，她又巩固了一遍，这样可以学得更好。现在想起来，张冬青从小就有当教师的天资，就有教师的无私，就有教师的坚持，难怪现在她成了一位优秀的语文教师。彩萍和冬青成了毕业后和我联系最多的两位学生，我也一直关注着她们的成长，我们既是师生，又是朋友。

她们是我的第一届学生，那时我年轻，所有的时间和精力都在学生身上，一走上工作岗位，我就把师范学校里、实习学校中学到的先进理念付诸行动。可以说，我从来没有占用过别的课，也从来没有拖堂过，更没有利用早读课给他们上课，因此很受学生们的喜欢。我把更多的时间留给他们自学自读，我也有时间进行个别辅导，或者做点课文外的有趣事情。每天早晨，他们到校后，我就会给他们讲故事，或者让他们上台讲故事，同学们一边听一边猜测一边想象，还要复述故事，进行提问，或者写一写听故事后的感想。学生们每天都听到不一样的故事，他们的思维会很活跃。做作业的时候，我要求他们也写与别人不一样的观点，发表自己的意见，哪怕组词都要找个不一样的词语，这是为了培养他们的求异思维，我敢说，学生们是会动脑筋学习的。每天的故事从哪里来？我把自己买的书借给学生们看，经常带他们到学校图书馆借书，还动员他们把买零食的钱存起来买书，书看完后写上姓名放到班级的图书架上供同学们借阅。这也是我们班最早的班级图书架，由专门的同学负责做借书还书记录。这样的阅读—讲故事—写听后感连成了一个良性的学习循环，能够促进学生更主动地学习，也自然而然地让学习变得有趣起来。

课上背书是我们班级的一个竞技节目。凡是注明背诵的课文和段落，我都会要求他们背诵。读课文的时候，我会跟他们强调应该关注段落的结构，关注句子与句子之间的关系，关注作者是用哪个词、哪句话连接起来的，通过这样的启发，他们就会懂得文字之间的逻辑关系。因为有当播音员朗读的基础，背诵也就变得更加有趣，背诵也就当作播音了。所以班级背诵并不是什么困难的事，而是成了被同学们抢着展示的机会。当一个同学背诵困难或者出错的时候，其他同学就会小声地提示，化解了背诵者的尴尬，我也默默允许。我觉得背诵本来就是巩固知识的一种方法，一个人背诵其实是其他人在一起练习，其他人的帮助无非是给他们展示的机会罢了，是一种有趣的学习方法，而不是什么作弊。我记得许一力的妈妈曾经问过我，一力会背书吗？我说，会啊，他很快就会背了。他妈妈很不相信又很自豪地说，我从来也没有在家里听到过他背书。我也很自信地说，大多数同学在课上就会背了，无须课外再背，不信，你随便抽一篇课文让他背一下试试。我一直和同学们说，只有上课认真学习了，下课才有时间玩，学踏实了，玩才可以玩个痛快。不要在学的时候想着玩，在玩的时候还担心着学。同学们也很懂事，他们听懂了这句话的意思，上课的时候非常专心，一心一意，他们说不能学小猫钓鱼。

　　课后，我每天都会和同学们一起玩游戏。彩萍记忆里的游戏都玩过，他们很兴奋，也很自然地融入游戏当中，在游戏过程中，他们形成了团结的集体，班级的凝聚力很强。以至于那次看起来力量悬殊的拔河比赛，竟然被我们夺得了第一。我认为，拔河比赛是一个很好的集体活动，拔河不但考验集体的力量，更考验集体的团结和行动一致性。拔河比赛前，观看的全体师生都认为我们班必输无疑。从体形来看，我们班队员矮小得多，从其他方面来看，我们班队员学习好，看上去文质彬彬的，在力量方面他们都觉得比不过对手。赛前，我也这样认为，为了使同学们不要输得太快，我就在教室里以画图的形式告诉同学们，拔河的力量是所有人力量的总和，我们班同学虽然看起来矮小，但要是对手少一个人，我们多一个人，我们可能就会有赢的希望。怎么让对手少一个人的力量呢？那就是我们不放弃且行动一致。当对手中有个人分心不用力的时候，我们集体发力，我们的力量就大了。因此，我很有信心地对同学们说，到时候我会在队伍旁边喊口号，大家要屏息凝神，不能说话，不能放弃，脚紧紧地抓地，手用力地拉住绳子不放松，当我喊口号"一、二、三"的时候，大家要集体用力地往后拉，往后退，口号停了，就屏住呼吸拉着不用后退，这样有节奏地拔河，会打乱对方队伍的力量方向，趁着对方没有集体发力，我们再用力拉。比赛开始，我们的绳子一下子就被拉到对方那边，眼看快输了，我喊着让他们坚持住，屏住呼吸，等对方松口气，我们再发力拉绳，没想到竟然真的打乱了对方的节奏。这样你来我往好多次，双方都没有过线，我一直喊着让他们加油加油，不放松。到最后，出乎所有人意料，我们班竟然赢了，同学们兴奋得跳起来。有的参与拔河的同学的手都被绳子磨得很红，有的还出血了，可是谁也没有放松，这就是坚持的力量。我们班凭借团结一致的精神，成了学校里拔河比赛的一个"神话"，我和同学们对此都记忆犹新。

毕业以后，长大以后，他们验证着小学时候的方法，觉得还是好用的，这时候体会就更深了，他们一直很团结，很重感情。彩萍毕业找工作的时候，我已经调到临海城区工作了。她有什么困难就会和我商量，找对象的时候还征求过我的意见。他们在没有成家前，经常三五成群地到我家来玩，聊天聚餐，晚上吃过饭后也不想回去，聊到很晚，经常要求在我家客厅的地上打地铺睡觉，美其名曰在我家住集体宿舍。那段快乐的时光持续了很久，直到他们一个个成家当父母。

后来，彩萍还真的当起了我的保健医生，她关心着我的健康，有时候我们之间还有心灵感应。有一天晚上她下班，经过我家楼下的时候看到我的车停着，就想着我可能在家，但是她有事情要办就走过去了。走了一段路程，她想着好久没见到我了，又折回来到我家敲门。我和她说有点不舒服，她看着手表给我测了一下脉搏，竟发现我发烧了。她急了，马上去医院买药，送过来给我喝下，还叫上同学一起轮流陪着我。有一次我感冒，同学们陪我挂点滴的时候，我的孩子刚好从外地回来，看到这样的情景也很感动。他们就告诉我孩子，有他们在我身边就放心工作吧。这种感情用同学们的话说是亦师亦母。有了他们这帮学生，我的安全感、幸福感更加足了。而他们总是说，陈老师，你以前对我们太好了，这样的小事是应该的。是啊，当学生小的时候，老师一定要从心底里对学生好，把他们当作弟弟妹妹或自己的孩子一样看待，不计较，不求回报。或许有一天他们会出乎意料地回报你，那就是从天而降的幸福。

10

和学生一起阅读，一起批改作业

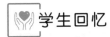学生回忆

温暖的感觉

陈维维

陈老师，是我人生中很重要的一个人。我 9 岁那年，父母因为事业繁忙，把我送去临海念书，每隔两周的周末可以回家。印象里刚开始自己很想家，会偷偷地收拾行李想要回家，走到学校门口又默默地走回宿舍，因为学校门口有保安不让出去，哪怕出去了我也不知道往哪儿走。如今，我当了妈妈，女儿 6 岁了。看着女儿，想起当年 9 岁

的自己，时常会狠狠地心疼自己一把，然后庆幸自己遇到了陈老师，一位如此温暖的老师。站在一名学生的角度，感谢她在小学时期对我的教导，让我拥有了一口标准的普通话和一手好字。站在一个妈妈的角度，我非常非常感恩她在我年幼的时候给予的温暖和爱。

陈老师在我们的教学楼里有一间小小的宿舍，她基本上每天都住在那里，她的儿子，也是我们的同班同学，和我们班的男生一起住在男生宿舍。长大后才明白陈老师对我们以及对教育事业的付出。她几乎所有的时间都在学校里度过，参与我们这些孩子的学习和生活的点点滴滴，既是这群孩子的老师，又是这群孩子的另一个"妈妈"。在不能回家的周末，陈老师会跟我们一起坐在教学楼的台阶上聊天。印象很深的一次是，我们几个同学在周六去了新华书店，每人都买了一本书，于是那个晚上我们就坐在台阶上跟陈老师一起讨论书的内容。现在想起来，就像我每天陪女儿看书一样温暖。

在学习上，印象里陈老师也是以鼓励为主的。我在临海小学的4年，陈老师经常会让我和她一起改作业、改卷子。她会先检查我的作业或者卷子，帮助我纠正不对的地方，然后让我去改其他同学的作业或卷子。在这个过程中，我又复习和巩固了学习内容。当然，我觉得更重要的是，这是对学生的一种肯定和鼓励。对于年幼就离家的孩子来说，老师哪怕一个眼神、一个微笑都是莫大的鼓励和温暖。

长大后，我跟陈老师也一直保持着联络。我一直在外地念书，后来又去了美国念大学、参加工作，我们碰面的机会非常少。但是每一次通话，那种感觉依旧，那种温暖依旧。我们更像家人，会聊聊日常，聊聊工作与学习，聊聊彼此内心深处的小秘密。现在，在陈老师那儿，我体会到更多的是一种家人给予的踏实和温暖。

【临海小学 1995（2）班学生，现自主创业】

教育思考

维维长大后一直和我保持着密切的联系，虽然我们见面很少，但是每次遇见和电话联系时都是那样亲切。她和同学们一样，在每个教师节和节假日都给我发信息问候，叫我不要太辛苦，要照顾好自己。她工作以后说的几句话让我很感动，也很感慨。当老师很清贫，但是学生一直记得我，这让我感到很满足，他们给我的爱让我精神很富有。

记得维维刚工作那会儿，她给我寄了一瓶眼霜。因为她妈妈想要，她也给我买了同样的。她打电话告诉我，她工作了，能赚钱了，可以回报我了，说我经常用电脑，要保护好眼睛，让我把钱用在必需的开支上，而我那段时间是最困难的时候。听到电话那头的话语，我的眼泪不自觉地流出来了，学生们已经长大，而我倒成了一个被照顾的小孩子。一直到现在，她也经常想着我，记挂着我，让我享受更好的生活……她说把我当作家里人一样。我不禁感叹：孩子们已长大了，老师应该不要让他们担心才对！

回忆维维进我班级的时候，我发现她是个很大方又开朗的女孩。她不是本地学生，来自邻近的县。上课的时候，她认真学习，下课了也很爱玩，和同学们相处非常好。一个学期后，她的学习成绩等各方面表现进步明显，一年以后就成了班级里的佼佼者，还当上了班干部，在同学中享有很高的威望。维维不仅自己各方面表现很好，还乐于帮助同学，工作很认真负责，因此，也多了很多给同学们改作业的机会，成了小老师。

当时，我的工作非常繁忙，我教一个班级的语文，兼寄宿生班班主任和学校语文大组组长，一周学校组织两个晚上学习会，一周有两个晚上是语文夜自修，周日有一天的语文兴趣课，我根本没有时间用来浪费。除了利用寒暑假备好一学期的课之外，上课的时候我尽量让学生在课内完成作业。第一个完成作业的学生举起手的时候，我就去给他（她）批改作业，改好了，全对了，他（她）就和我一起给同学批改作业，这样一改二，二改四，四改八，到下课的时候，大部分学生的作业都能批改完成，剩下的几个没有完成的同学就让刚才一起批改作业的同学进行指导、批改。同学们想着能在课堂上和老师一起给同学批改作业，那是多光荣的事啊，于是他们就早早地预习课文，早早地做好作业，学习积极性空前高涨。后来，我学到了"学习金字塔理论"，才明白这样做是有科学依据的。这样批改作业相当于马上应用或者教别人，按照学习金字塔理论，两周后平均学习保持率高达90％。从实际效果来看，全体学生的作业质量明显提高，学习积极性也提高了，大家都想早点完成作业，能当那个拿着红笔和老师一起帮同学批改作业的人。除了作业，单元检测卷我也经常叫上同学一起批改。他们流水线批改作业，每人批改一道题，我每道题都和批改的同学讲正确的答案，注意可能出现的错误。我则批改比较难把握的阅读题和作文题。等到我逐题教完他们，自己开始批改的时候，第一道题已经批改完成了。他们还一起帮着算分数，把试卷发还给同学，然后参与批改的同学把一些易错题目的答案写到黑板上，上课的时候，由他们逐题分析讲解。我发现，让同学们批改试卷，他们对批改的题目完全掌握了，他们竟然会记得哪个同学这道题错在哪里，而其他同学听得也很认真，会认真订正，印象也深刻。这样的做法，得到同学们的极大支持，每个同学都想和老师一起批改作业和试卷，他们会提早预习，提早做作业，这样才能争取到批改的机会。因为要改作业，同学们就模仿我的笔迹，练习写数字，练习打钩，做记号。渐渐地，他们的字也越写越好，有的甚至超越我了，作业本上分不清是谁批改的，学生们对批改作业的兴趣日益高涨。当然，随着他们学习动力的大大增强，他们的综合素养也越来越高。因此，对于作业改革，可以从批改作业这项费时的工作开始，关键是怎么做好作业反馈和试卷分析，让作业不再成为负担，而成为激发学生主动学习的催化剂。

因为他们是寄宿生，我基本是和他们一起生活的。维维记忆里的我们一起坐在台阶上聊天，那是很平常的事。他们住在学校里，我也住在学校里，可以说是近乎 24 小时陪伴。当时他们爱买零食，我们班规约定不允许把零食带进教室里。我引领他们用零钱买书，空了就静静地看书，把"书"吃进脑子里，就会越来越聪明。而且我会不定时地和他们聊书，聊书也不在教室里，经常在外面找个地方约几个人一起聊，大家看我们聚在一起，也就都凑过来了，这样他们也会去买书、聊书。这样的阅读方法就像滚雪球一样，把大家买书、看书、聊书的热情越滚越大。

现在回想起来，那时候的阅读、聊书真的无压力，成了他们快乐的闲暇时光，养成了他们阅读和聊书的好习惯，因此也深深地印在学生的记忆里，伴随着他们长大，直至他们成为父母以后也用这样的方法和孩子一起读书、聊书。作为老师，是多么期望看到这样的传承啊！当然，作为一名教师，从维维的回忆中，我们需要反思的是，教师应尽可能将好的方法教给学生，多给予学生温暖和爱，留给学生美好的回忆！将来，当学生成为父母，或成为教师，他们也会不自觉地将这份美好进行传递！这才是教育的真正意义吧！

11

漂亮的字也能风光你的人生

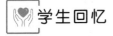学生回忆

最爱上语文课

徐佳美

　　还记得住宿的时候，每天晚上睡觉都神速上床，脱下来的衣服一件件按明天早上穿搭的顺序摆放好，然后把自己包裹得像粽子一样完完整整，等待第二天早上的起床铃。最激动紧张的时候就是一打铃，被窝里的我们就像打了鸡血的战士，动作飞快，看谁先穿好衣服去抢水龙头洗漱，去操场跑步，然后快速排队吃到早饭……想起来真觉得

自己当时又可爱又充实！美好的一天就这样开始了。

小学最爱上的课是语文课，我喜欢听陈老师亲切和蔼地讲解课文，我更喜欢自己朗诵领读课文，每次课堂上我都是举手最积极的那个，虽然经常会回答错问题，但是这阻挡不了我对语文课的热爱。陈老师上的语文课经常让我想象到各种天马行空的画面，仿佛身临其境。

课间我们喜欢拉着小伙伴组队玩跳皮筋，即使只有10分钟的休息时间，我们也争分夺秒地把伙伴分好队伍，从最低的一档皮筋一级级往上跳，遇到最高那档绳子套在脖子上的时候，无可奈何的我们便发挥出用手翻跟斗的独特技能来跨越。不知道从多少次失败中我们才学会了那一点点技能。那时的我们真是想到什么做什么，没有什么能阻挡我们，要多快乐就有多快乐。

那时的夜自修也是回忆满满的，30年前，陈老师就开始教我们练字，我们每人有一本小小的练习木，听陈老师在黑板上绘声绘色地讲解每个字的笔画和结构，看着黑板上的字一笔一画地在米字格中被慢慢地描绘出来，我们竖起耳朵，眼睛一动不动地盯着那滑动的粉笔，然后拿起自己的铅笔开始在本子上临摹起来。我的字总是笔锋太重，陈老师看到后总是弯下腰扶着我的手一笔一画地给我讲解。只要经过老师的指导，我瞬间觉得脑袋上的小灯泡亮了，一下子就融会贯通了。从那时起我就爱上了练字，也经常自己在课间写写字，后来班级的黑板报只要有需要写字的部分我都自告奋勇地去完成。我们班级的大部分同学的字都写得不错，现在回想起来真是受益一生，我带着一手漂亮的字风光了整个读书时代。直到今天，我也教导我的孩子从小就要写得一手好字，字如其人。那会儿练完字的我们期待每天晚上的电视时光，《美少女战士》和《灌篮高手》都是儿时最喜爱的动画片，那时的我们还有夜宵——牛奶，真是无比幸福。

怀念小学的天真烂漫时光，认识了最好的闺密、最棒的同学、最亲的老师，这是一生的缘分。

【临海小学 1995（2）班学生，现为财务人员】

教育思考

徐佳美，我们都叫她佳子，一个非常活泼的孩子，小小的个子，大大的眼睛，小时候很漂亮、很可爱。三年级的时候，因为可爱，她被选为班级英语剧《小红帽》的主角，一袭大红色的裙子，一顶小红帽，讲着英文台词，把小红帽演活了，也在校园里把她自己演红了。

正像她自己记忆中的那样，小时候的她就是一个开心果。她快言快语，思维也快，上课发言特别积极；她朗读好，书写漂亮，综合素质高。上课的时候她是活跃分子，下课的时候也是积极分子，是同学们活动的风向标。她回忆的争分夺秒分组活动的情景让我发笑，他们确实是这样的，因为我经常和他们说，学就要学个踏实，玩就玩个痛快。他们上课的时候很认真，下课也就理直气壮地去玩了。她活泼开朗的性格经常带给大家很多笑声，在课堂上，她也会积极主动地、大大方方地发表自己的意见，哪怕发表了一些可笑的话题，她也不在乎大家发出的善意的笑声。我的语文课堂上就是非常和谐和无压力的，大家学习很轻松，就这么自然地讨论着，不管对与错。大家会想办法去记住生字新词，会通过想象画面来谈自己的理解，也会通过朗读和表演来表达自己的感悟。当然，佳子更多的是在展示，展示她声情并茂的朗读，展示她漂亮的字体，更多的时候，她还会和陈维维一起最早做完作业，当小老师，拿着红笔，看到哪位同学举手了，作业做好了，就过去批改。她俩的字很漂亮、很老练，根本分不出是我写的还是她们写的。这往往是她们很自豪的一点，小小的年纪就当老师了。

轻松的课堂留给她的是美好的回忆，夜自修更是他们快乐的时光。晚饭后，学校安静下来了，只剩下他们几个班级的寄宿生，好像整个学校都属于他们似的。夜自修和双休日时间，我是绝不会上课，也不会讲作业的。我只和他们一起练字、讲故事、阅读、做趣味语文等，激发一下他们的学习兴趣，有时候也用有些难度的趣味题压一压他们骄傲的小尾巴。佳子说的练字那是经常的事，字如其人嘛。我经常和他们说，你们个个这么帅气漂亮，写的字也要像人一样漂亮才对。你们中有些人天生懒惰和马虎，不改变的话，以后可当不了科学家，要是让你们当了科学家的话，这样不严谨是会给国家造成损失的，大家就练练字吧，把心练得静下来。当然了，不当科学家你们也可以当企业家，不过当企业家要会演讲，要签字，你们呢，学好普通话、练好字是必须的。同学们听了我的话，也觉得这样很真实，大家不管选择什么职业，都得现在把字练漂亮了。于是我和同学们一起练字，我坐在讲台上也在练字本上写着。当我写好的时候，我就会打开投影，把自己的字展示出来。这时候，听到动静的同学会抬头看我写的字，有时候他们很惊讶，老师的字很漂亮，有时候他们会嫌弃我的字，也说不好看不好看，还是印刷的字好看。写好字的同学就会按照惯例，拿到投影仪上把自己的字放大，他们要和我的字比一比。可是，他们的字经过放大和投影，就变样了，有的不够有力量，有的不够稳，字倾斜了，站不住了。我是经常表扬他们的字比我写得好的，最起码比我小时候的字好。我平静地告诉他们，字就要经得住挂起来看，更要经得起放大看。于是他们拼命地练字，每个人的字都还不错。班级的黑板报基本是他们在自由分配任务，两周一次，他们轮换着想内容，我只是多给点赞扬罢了。到了初中，他们所在班级的黑板报基本是小学时候出黑板报的那批同学包了，他们还会互相帮助，画画，写字，他们感到很光荣。很多同学毕业后对我说，他们的字写得好，让朋友们刮目相看，也正像佳子说的那样，漂亮的字让她一直风光到现在，当然，这个风光的背后是努力，是坚持，是自信，是自豪。

夜自修结束后，同学们就一窝蜂似的跑去宿舍了，这是他们彻底自由的时候。当然，为了让他们按时就寝，也为了体验宿舍的生活，我是经常住到女生宿舍的。我要闻闻宿舍里有没有鞋子的臭味，要看看他们到底什么时间才会入睡。就像佳子说的那样，他们一起上课，一起玩，一起跑步，一起游戏，一起抢水龙头洗漱，一起瞒着我跑去小卖部买零食吃，这都是他们小时候快乐的时光，我想他们是多么幸福啊。因此，他们这些小学同学的感情也特别好，有了最好的闺密、最棒的同学、最亲的老师。

后来，佳子联系我的时候，她已经大学毕业了，她是浙师大对外汉语专业毕业的，想考教师编制，进教师队伍，但是那时候专业不对口，她不能考编制。于是她与教师职业擦肩而过，成了财务人员。我想，要是她能进教师队伍，一定能成为一位优秀的教师。她的孩子上学的时候，她又联系我，问我应该怎么教育孩子。我告诉她，就用她小时候当小老师的样子来教育孩子，给孩子快乐的童年。所以我经常从她的朋友圈里看到，她带着孩子一起玩，一起嬉戏。2023年的一天晚上，我与一个学校的家长交流家庭教育。她不知道从哪个家长的朋友圈里下载了一张我讲课的PPT——要给孩子安全感……发到了同学微信群里。我很惊讶，她虽然很少和我联系，但是还时常关注着我的动向，还时时学习着教育理念，真是一个有智慧的家长啊！

作为教师，我们要思考的是，我们的教育理念能不能给孩子一辈子的影响和帮助，以及在他们长大成人，为人父母以后，也能用儿时的记忆和孩子一起快乐学习，轻松学习。从这个意义上来说，当教师是有压力的，是需要加倍的思考和无限的付出的，只有教师的有压力工作才能换来学生的无压力学习。教师，任重而道远！

12

以爱育爱　一路生花

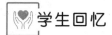学生回忆

以爱育爱　一路生花

阮写艺

回忆起我以前的老师，有很多位让我印象深刻，如陈老师、林老师和应老师……他们都令我非常感激，但最让我久久不能忘怀的是陈佩莉老师，虽然那时候跟她相处的时间只有短短三年，但却影响我至深。

陈老师讲课很生动，说话幽默，课上能让我们专注听课，课下也

能与我们打成一片，我们之间的关系非常亲密。我们全班人都很喜欢她，没有讨厌她的。

依稀记得在小学二年级的时候，有一次我在学校门口买了一只小鸭子带回教室，将小鸭子偷偷藏在课桌的抽屉里。抽屉里有很多书和本子，我把书和本子往外挪，把小鸭子藏在最里面。上课了，我便一边听课，一边用手护着抽屉边沿，生怕小鸭子跑出来。那节课正是语文课，我一边听着课，一边关注着抽屉里的小鸭子。可是小鸭子跑不出来，就开始嘎嘎叫起来了。我特别害怕在课堂上被发现而被训斥，就一直摆弄小鸭子让它别叫唤。可是小鸭子叫声太过突兀，还是被陈老师发现了，我涨红着脸低着头等待着训斥。没想到陈老师走过来摸了摸我的头，并没有训斥我，而是笑着对我说：小鸭子很可爱，为什么不跟大家一起分享呢？不介意我把它拿到讲台上给大家看看吧？说完，陈老师就轻轻捧起小鸭子把它放到了讲台上，让大家仔细观察观察小鸭子。大家一下子来了兴趣，七嘴八舌的，陈老师让大家举手发言，说一说观察到的小鸭子，也可以说一说看到的这件事。同学们观察得很仔细，说得绘声绘色，引得其他同学哈哈大笑，然后我们就写了一篇作文。

课后，陈老师把我叫到讲台桌边，耐心地教导我：虽然小鸭子很可爱，但不能带到教室里来哦，你一边学习一边要照顾小鸭子，要分散精力的呀，小鸭子还是养在家里吧。虽然这是一件很小的事，但还是很感谢陈老师在课堂上给予了我足够的尊重，保护了我的自尊心。

旋律依旧，情怀已远。人生得遇良师，如春风化雨，人生至幸！唯愿健康与才华伴您年年岁岁！

【临海小学 2001（6）班学生，现任职于临海市税务局】

教育思考

写艺留给我的印象很深刻，她小小的个子，很可爱，很漂亮，很活泼，很天真，很像她上一届的徐佳美同学。记得她刚上学那会儿，课标还没有要求一年级零起点教学，小朋友在幼儿园里多多少少学了点拼音，会写字。但是她却是个例外，拼音一点儿也不会，握笔也不会，更不要说写字了，有时候连课堂常规也不遵守，要说话就说话，要走动就走动。我问她：你是哪个幼儿园毕业的？她骄傲地说：我是机关幼儿园毕业的。接着，我发现她的口头表达能力很好，做手工也很好。我想，幼儿园确实需要这样培养孩子。于是，我开始对她进行真正的零起点教学。每节课我都把着她的手，教她握笔，教她写字，她也表现得特别高兴，学得也很认真。她很聪明，没多久就跟上同学们了。她上课举手发言很积极，也会表达自己的意见和观点，尤其是组词，说得都要和别的同学不一样。我会在课上好好地表扬她会思考，她就咧着嘴笑，坐得端正起来，越发认真了。

　　她记得的那次带小鸭子来上课的事，还真有趣。当时上课时，我感觉到班级里同学们的目光有些异样，但又看不出是什么事。我们正常上课，同学们读课文的时候特别卖力，声音特别响，我照常指导他们朗读时不能喊，而是要用感情去读，以情带声。当我停下讲话的时候，仿佛听到了"嘎嘎"的声音，我以为是哪个小家伙在恶作剧，环视全班一圈，看大家眼睛都不回避我，没有人在发怪声。当教室里安静下来的时候，"嘎嘎"的声音却越发清晰，坐在第一桌的阮写艺的头低了下来，声音就是从她这里传出来的。有同学开始小声说，她买了小鸭子放在抽屉里呢！听到这话，我不禁笑了起来，好家伙，竟然把小鸭子带来一起学习。于是就出现了写艺记忆里的事，我没有批评她，走过去笑着摸了摸她的头，把小鸭子拿到讲台上让同学们一起观察。这节课临时变成了作文课，我让同学们看看小鸭子的样子、颜色，听听它的声音，有同学提议摸一摸，我建议不要摸，我说，你们几十个同学每人摸一下，鸭子不被你们折腾坏了吗？你们就想象一下小鸭子的绒毛触感吧。同学们就开始说话了，把观察到的说给同桌听。接着我让他们把观察到的写下来，有的同学还写了老师发现小鸭子时的表情、阮写艺同学的表情，写得活灵活现，引得大家哈哈大笑。

　　作为老师，要保持童心，以儿童的视角来看待学生的所作所为，这样就会理解学生，宽容对待学生，保护他们的自尊心。教师要善于抓住突发的教育契机，正确引导学生学习，激发学生的学习兴趣，临时的学习改变往往比预设的学习过程有趣得多，有效得多。写艺同学的这件事，留在她记忆里是多么美好，幸好当时我做对了。

到了艺术节的时候，我们班级要排练一个舞蹈节目，挑选会跳舞的同学，教音乐的林老师就把写艺选上了。想不到她的舞蹈动作非常优美，大家说她是天生的舞蹈身材，她便成了领舞者。于是，她每天想着练习舞蹈，练得很认真。她妈妈担心她的功课会落下来，到学校里和我说她每天回家都跳舞，怕她心思没在学习上。我安慰她妈妈说，这个阶段估计会分心一点，等舞蹈排练好了，让她把功课补回来就行了。后来，我姐姐知道我们班级在排练舞蹈，给我推荐了她朋友的女儿——蕾蕾，蕾蕾是总政歌舞团的编导，刚好休假回家。我就抓住这个千载难逢的好机会，让她给我们班这些小不点儿指导指导。蕾蕾老师就非常认真地帮我们编排动作，舞蹈队的同学们特别兴奋，学得也特别认真。蕾蕾老师给领舞者阮写艺加了一些稍高难度的动作，写艺一声不吭地练习着，不叫苦，不叫累，后来演出时特别出彩，可以说是一鸣惊人了。

有时候班级里需要家长来帮忙，写艺总是抢着说：叫我爸爸妈妈。她爸爸妈妈确实是模范家长，为班级里做了很多事，是家校合作的好榜样。我记得那年下大雪，我带着同学们到楼顶堆雪人，她爸爸妈妈来帮忙拍照，一起照看着这班淘气的孩子。演出要用的服装、鞋子和装饰品，也是她妈妈到路桥小商品市场买来的（那时还没有网购）。舞蹈队同学舞蹈鞋的钱她也不要，说送给大家，只要大家好好跳舞。后来演出前毕露瑶妈妈还请舞蹈队同学吃饭，给大家鼓劲，还有好多家长也默默地帮班级做事。我一直很感激这些家长，是他们的支持给我力量，形成了强大的教育合力，才使孩子们健康快乐地长大。

后来，我工作调动了，没有教他们到毕业。我曾经回去给他们上过几次课，但是每次上完课分别的时候，他们都哭着不肯下课，我也不忍心走，很难过，就陪着他们流泪。这样几次以后，我不敢再回去上课了，怕影响他们和接班任教老师的关系，答应他们的下次再来，也就食言了，之后没有再给他们上课，直到他们毕业。写艺妈妈曾经碰到我说，写艺一直念叨着我，很喜欢我。我听着很感动，对她连声说着抱歉，让她转告孩子一定要好好学习。

后来，缘分让我两次偶遇阮写艺，那时她已经长大了。五年前的一次人大会议，我到代表团住宿的酒店报到，签到后领好资料，走到电梯口的时候，被服务员叫住了。服务员问我的职业是不是老师，得到我的肯定回答后，她说请我到报到处去一下，那里有个我的学生，学生不确定是不是我，她不敢叫我，怕叫错人了。我心里很惊喜，我的哪个学生呢？等我走到边上，一个女孩子很高兴地叫了一声："陈老师，我是阮写艺。""啊，小不点儿变成大姑娘了！"我们拥抱在一起。她告诉我，她考入了税务局，今天是到这里来服务的，帮忙下载个税 App。源于职业的习惯，我还说起她小时候的样子，现在变美了，不说还真认不出来了。于是我们加了微信，有了联系方式。第二次偶遇是在一个店里，有人从背后拍了拍我的肩膀，叫我陈老师，我回头一看，脱口而出：阮写艺妈妈。她一点儿也没变，还是那么美。随后，我看到了写艺爸爸、写艺和她的男朋友。写艺的妈妈告诉我，写艺马上要结婚了，今天是来买个红色箱子的。于是我们一起高兴地挑了个漂亮的红色旅行箱，他们还邀请我参加婚礼，原本他们就想打电话邀请我的，正好遇见了。我们都感叹缘分是那样奇妙。

当阮写艺写这篇回忆文章的时候，她的宝宝刚好出生了，她做了妈妈，也许对教育有了进一步的认识。她和我说，以前，她和老师的关系是那样亲密，现在呢？我想，现在社会和家长重视学习成绩的同时，更要重视亲密的师生关系的建立。因为教育是人与人之间的关系，教育是有感情的工作，是有温度的工作，AI不能轻易取代教育，因为教师能理解学生、包容学生，换言之就是能和学生进行情感交流，更理解学生，更爱学生，更能因材施教。祝愿天下的老师都能成为让学生和家长满意的幸福老师！

生活的好朋友

对于教育，你有没有从内心发出的喜爱？

对于学生，你有没有从内心发出的喜欢？

对于家长，你有没有真正做到不计前嫌？

对于自己，你有没有做到最好？

课堂之外，你有没有和学生一起玩一起恶作剧呢？

"作为班主任，应该当好孩子王！"

在我教育生涯的第一本备课录的第一页开头写着这么一句话。

当好孩子王，先要育人，无条件地爱学生。亲其师而信其道。这个理论我在师范学校学习的时候听得最多，道理似乎人人都懂，但是，怎么让学生亲近老师呢？有句俗语说得好，山不转水转，水不转人转。班主任或者老师，作为一班之主，首先你要成为学生的好朋友。你要主动亲近学生，你要去爱每个学生，你要爱这个班级，你要担起这个重任，不管学生多小，他们都是有感知能力的，要让他们感受到老师对他们的爱。然后要理解每个家长和每个家庭，需要家长正确的教育和支持，家校合力，才有力量。老师亲其生而爱其所有，才会有学生亲其师而信其道。

1

玩中学　爱在全程

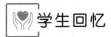

忆与陈老师的二三事

牟　晨

欣闻我的启蒙恩师陈佩莉老师要写回忆录，儿时和陈老师在一起时的点点滴滴就慢慢浮现出来了。庆幸遇到了陈老师，她给了我们一个温暖、欢乐的小学时光。

那时我们的小学是涌泉区中心小学，虽说是乡下的小学，但也是涌泉区最好的小学。陈老师从临海师范学校毕业分配到那里，我们有幸成为陈老师的第一届学生。陈老师年轻、漂亮，思想先进、教学活泼，很快就能融入我们，成了其他班学生都想要拥有的老师。

夜里躲猫猫

记得每年全区的六一文艺汇演，我们班的节目总能拿到第一名，甚至有评委不看节目就敢断定，今年的第一名肯定又是陈佩莉班的。这与陈老师的辛苦付出是分不开的。陈老师每天晚上都会抽时间给我们排练舞蹈。因为条件有限，只能在教室里排练，需要把课桌往边上挪，她教我们要爱护公物，轻拿轻放；因为晚上很安静，她教我们走楼梯不要蹦跳喧哗，以免影响到旁边宿舍楼里的老师；因为有的同学家里条件差，没有跳舞时用的丝巾，她就拿出自己的丝巾给同学，教我们要互相帮助。点点滴滴，我们学到的不仅是舞蹈，还有处处细节体现出的好教养。每次练习舞蹈后，我们最开心的就是陈老师和胡老师一起把我们一个一个地送回家。涌泉镇的老街上，路灯是昏暗的，有些小巷是没有路灯的。陈老师不放心我们，坚持要把我们一个个安全送到家。我们就在前面跑着，嬉闹着。偶尔，我们中的几个会调皮地躲进小巷，等陈老师和胡老师慢慢走近时，就突然跳出来吓人，然后大家得逞似的哈哈大笑。现在想起仍是开心不已。

骄傲的语数联赛

那一年，我和同班的许一力、张冬青代表涌泉区中心小学到临海参加全市的语数联赛。一路上，陈老师陪我们坐车、住宾馆，还给我们买好吃的，真的好开心呀。可是，进考场后才发现题目真的好难，我都考蒙了。后来成绩出来了，许一力获得全市二等奖。这个消息在涌泉区中心小学都"炸锅"了，这是历年都不曾出现过的好成绩，着实给乡下小学挣回了面子，大家都很开心。只是我当时还是挺失落的，觉得自己没能给学校争光。只有陈老师留意到了我的小情绪，她温柔地安慰我说，许一力能考出这么好的成绩，说明你们的成绩也不会差，下次我们再努力一点，肯定也能拿到名次。听到陈老师对我的肯定和鼓励，我的心情瞬间就变好了。现在想来，陈老师怎么这么细心，连我的小心思都发现了，还能及时地疏导我，真是我名副其实的启蒙恩师。

珍贵的作文簿

毕业 30 年时，我们举办了同学会，几乎全班同学都来了。到陈老师讲话时，她说："你们是我的第一届学生，一届带 6 年，我付出了全部的感情和精力，你们也是我最骄傲的学生。至今，我仍然珍藏着你们的一些作文本。"听到这里，大家都觉得太不可思议了。过去 30 年，陈老师搬家多次，居然还收藏着我们的作文本！大家瞬间被感动并期待有自己的作文本。陈老师说："我来读几篇，你们猜猜是谁写的。"当读到一篇写学习太辛苦了，不想学了，全篇厌烦学习的作文时，当年的后进生你看我，我看你，偷笑着；当年的优等生都摇摇头说，这可不是我写的。陈老师抬头看了我一眼，我斩钉截铁地说，肯定不是我写的。陈老师慢慢读完，然后报了我的名字。我一边叫着不可能是我写的，一边兴奋地冲上讲台看。居然真的是我写的。再继续翻看，陈老师竟然收藏着我的 4 本作文本。我太激动了，这可是我的小学四年级作文呀，里面还有陈老师用心的批改和点评。这是被遗忘的记忆，这是珍贵的回忆。接过陈老师送回给我们的作文本，我几乎眼眶湿润，我要继续珍藏它，读给我的孩子们听，告诉他们，这是妈妈小时候写的作文，这是妈妈老师的点评，你们现在可能都很难看到这么详细的批改和点评了。这是妈妈的骄傲，也是妈妈的幸运。

【涌泉中心校 1986（1）班，现临海市人大常委会委员、代表与选举任免工委副主任】

教育思考

对于第一届学生，我是用我的青春来陪伴他们的童年的，由于当时交通不是很方便，我是常年住校的，全部的心思也都在他们身上。我来自农村，懂得当时农村孩子读书的不易，各方面素质得不到锻炼，我就凭着自己在师范学校学到的一点皮毛功夫教他们唱歌、跳舞等。我当着孩子王，班级里什么比赛、演出等都得管着，张罗着。也许对于农村孩子来说，能学跳舞那是非常惬意的事，尤其是在晚上。

我们搬好教室里的桌凳，空出中间的地儿，白天的教室就变成了他们的舞蹈房，学生们练得特别认真。第二天回到教室，他们会很自豪地和同学们说昨晚练习的快乐，还会教同学们一些舞蹈动作。这样，白天的学习也就变得快乐起来，认真起来。可以说这似乎形成了一个良性的快乐学习循环，他们一天到晚都是快乐的，因此他们也很喜欢周末到学校里来，喜欢跟着我学习、郊游。

牟晨同学是个全面发展的好学生，一直是班里的班干部，她文静又漂亮，还被选入了演出小队。到了舞蹈排练的时候，她更是拿出班干部的样子来，组织同学们搬桌凳，进行练习，大家一起乐呵呵的。演出前的一阵子，每天晚上他们都到教室排练，练得特别认真，动作做得也特别到位，听着音乐舞蹈，他们快乐得真像一只只小鸟。排练结束后回家的路上，他们一路嬉闹，我也由着他们释放着天性，想不到的是他们经常会在街头转弯处埋伏着吓唬我，好几次吓得我跳起来，然后他们又开心地跑到我的前面去了，因此我和他们的距离拉得更近了。也许学生们记得，学就学个踏实，玩就玩个痛快。舞蹈的排练并没有影响他们的学习，反而激发他们更加认真主动地学习，学习的毅力增强了，班级同学之间的凝聚力也增强了，他们各科成绩也在均衡发展，综合素养提升很快。除了舞蹈得奖、演讲得奖，我们班有很多小个子的拔河队连拔河比赛也获胜了，这极大地激发了同学们的积极性。后来他们几个参加语数联赛，成绩包揽了前几名，到市里比赛的成绩更是刷新了学校的纪录，这在整个学校乃至全区都引起了轰动。这几个同学成了学校中的名人，他们的发奋学习精神在校园里散发开来，形成了一股正气。

我想，玩中学，玩促学，在他们身上得到了很好的体现。班里有个同学要参加讲故事比赛，必定会在早读课上展示，大家听了许多遍，提出自己的建议，最后全班同学都会讲这个故事，个个都成了讲故事大王。班级的舞蹈节目，同学们也会模仿着跳……全班同学的参与度很高，他们和我的关系更好了，用他们的话说对我又敬又爱，所以叫我敬爱的老师。可喜的是，他们变得非常活泼，非常快乐，各方面素质也都得到了提高，这种快乐的学习不就是我们教师梦寐以求的吗？

在他们的心中，对学校的归属感很强，他们经常问我周末可不可以到学校里来。他们在教室里自学，我也到教室里二次备课或者改作业，我们就默默地安静地互相陪伴着。有时候我带他们一起出去郊游，回来习作，可以自由地表达，看到什么写什么，他们从不感到习作是难的、枯燥的，都乐于把观察到的写出来，要让老师看看他们观察到的和别的同学不一样，说明他们是在仔细观察的。习作尽管很稚嫩，但是很真实，他们的习作练习确实达到了"我手写我心，彩笔绘生活"的境界，是在与大家分享自己的独特感受。我很高兴他们爱上写作，他们每个人每学期的作文本竟然多达 4 本，于是我把全班同学的作文本都保留了下来，一直保存了 30 年。

30 年后，有一天，身为父母的他们突然看到自己小时候的作文本，欢欣雀跃，抱着我欢呼啊，激动流泪啊，像小学生一样读着自己也已忘记的文字。他们回家更是拿着自己的作文本和孩子比赛，比一比谁的字写得好，谁的作文写得好，谁的童年更快乐。他们告诉我，自从他们的孩子看到他们小时候的作文后，孩子们服了，更加听他们的话了，他们在家里的地位也提高了，家长的榜样示范作用似乎得到了体现。很多同学打电话对我说："陈老师，爱你爱你!"是的，直到现在，他们爱我，我也爱着他们。从小时候开始，我爱着他们，陪伴着他们，师生一场，并不是毕业了就完事了，纯洁的师爱应该陪伴着学生的一生，有爱的人生才是幸福的。

2

欢迎来做客　欢乐如家人

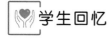学生回忆

和老师一起过暑假

冯晓波

橘子成熟了，我想到要送点给我小学的陈老师。因为在我心里，她就像母亲一样关爱我。

记得三年级的一次暑假，我和同学许一力玩滚铁环。我们一手握着细长的铁棍，一手握着一个圆形的铁环来到一个宽阔而平坦的场地。我们把铁棍带弯钩的一端套入铁环，手紧紧地握着铁棍，俯下身

子，快速地向前跑去。我们如脱缰的野马一般在场地上风驰电掣，好胜心强烈的我加快了步伐，双脚就像登上风火轮一般。正当我得意扬扬之时，我的脚下一滑，"哐当"一声，倒了下去。等我忍着针扎般的疼痛坐起来，额上豆大的汗珠就落了下来，我面如土色，"呼哧呼哧"喘着大气。同学连忙跑过来，将我扶起来。在同学的帮助下，我一瘸一拐地坐到凳子上。同学们焦急地跑去准备告诉陈老师，想到陈老师忙碌的身影，我抬起手，刚想说"不"，可是想了想，手又放了下去。

不久，陈老师便一脸焦急地赶了过来，她撩起我的裤腿，用手托起腿，不停地问我："这里疼吗？这里疼不疼？"看着陈老师焦急的样子，我一时竟不知怎么回答，全身上下的血涌入脑门，却半天吐不出一个字。陈老师拿来了药，小心翼翼地涂在我的腿上，我咬紧牙关，汗珠哗哗流下来。

记得那时陈老师刚生了孩子，我们都兴致勃勃地去看孩子。我小心翼翼捧起孩子，抱着孩子左摇右晃，孩子东望西望，有时还望望我，我也掐掐他的脸蛋。可不一会儿，孩子便嘟起嘴，一脸烦躁相，果然，孩子咧开了樱桃般的小嘴，哇哇哭了起来。我一时间不知所措，大脑一片空白，陈老师也闻声而来。我顿时有点慌了，看着越来越近的陈老师，我调整好呼吸，准备接受她的指责。可意外的是，陈老师并没有指责我，而是轻轻地从我手里抱过孩子。也许孩子是听到了熟悉的心跳，又或是感受到了母爱，情绪很快平稳了下来，慢慢不哭了。我的心也平静下来，以后再也不敢掐孩子的脸了。

从此以后，我更加喜欢陈老师了，我喜欢上她的课。因为调皮，我经常不完成作业。每当暑假的时候，住校的陈老师经常叫我去学校教室里写作业，还有一些学习不怎么好的同学和我一起。那是我最快乐的暑假时光，因为我可以不受我妈妈的唠叨。陈老师耐心地教我们几个人，我们特别认真。做完作业还可以在陈老师家里吃饭。记得陈老师的妈妈炒年糕给我吃，太好吃了，那是我吃过最香的年糕，我爱上了年糕。这个暑假结束，我又盼望下一个暑假和寒假。

长大后，碰到我和我妈妈意见不一致的时候，我妈妈就找陈老师来评理，连我去部队服役、后来找对象成家等，我妈都找陈老师说，想让她来说服我。听了陈老师的话，我觉得很有道理，也就服了。

现在想起来，我特别想念小时候的时光和小时候的同学，是那样快乐。

【涌泉中心校 1986（1）班学生，现涌泉橘农】

教育思考

每当金秋来临、橘子成熟的时节，我的自豪感也油然而生，我的第一届学生家的橘子也该丰收了。第一届学生中有一部分是橘农，他们靠着种橘子为生。他们的橘子品质好，皮薄多汁，甜度又高，是闻名全国的，不愁卖，他们也生活无忧。此时，也是学生们和我联系最多的时候，他们会把辛勤劳动的果实送给我品尝，橘子收完了，有空闲了，会来我家和我聊家常、聊过往，我们有时在一起共同庆祝当年的丰收，师生沉浸在朋友式的其乐融融之中。

晓波是名副其实的橘农，橘子成熟的时候也是他最忙的时候，他不仅要摘橘子、卖橘子，还要经营物流。有一年，我让他不要送橘子来了，让他先忙自己的事，说过几天会经过他家，去看看他，他答应了。那天他和他妈妈热情地接待了我，仿佛他小时候我去他家家访那样。他妈妈像往常一样又回忆起他小的时候，又说我在他身上花了很多心血，比她这个妈对他还要好。他妈妈和我聊个不停，这根本看不出是家长和老师的关系，完全是一对好朋友了。

晓波是独生子，小时候长得帅气，白白嫩嫩的，让人一看就喜欢。在那个还没有计划生育的年代，他成了他家的宝贝，家长既特别宠爱他，又严格要求他，希望他能有更好的出息。这使在宠爱中成长的他又聪明又顽皮，又乖巧又可爱，不按时完成作业是常有的事。因此我对他就用特别的方法，既严格又宽容，经常把他当小孩子一样哄着，家里有好吃的水果和零食也拿点给他吃。渐渐地，他和我亲密起来，会黏着我了，也会在我的陪伴下安静地完成作业了，以至于他习惯了我的陪伴，经常在周末和寒暑假主动来学校做作业，我也陪着他们几个同学做作业、朗读、表演。因为我婚后没有属于自己的房子，全家是常年住校的，他就经常会在我家吃午饭，中午不回家，下午接着学习。后来我有了孩子，孩子外婆帮着带孩子，看到晓波在，就把他当作尊贵的客人一样对待，问他喜欢吃什么，烧一些他喜欢吃的饭菜，也就有了他记忆里最好吃的年糕。经过一个暑假的陪伴，晓波就更喜欢我了，更听我话了，学习也更认真了，他也爱上了朗读、写字、写作文，学习成绩突飞猛进。想不到这成了他童年的幸福回忆，30多年后，他告诉我，这是他童年最快乐的日子，因为没有人唠叨他，寒暑假在我家很舒服，当然记忆深刻了。

从晓波的回忆中，我们可以反思的是怎么样的教育才是合适的。教育，包括家庭教育，不是唠叨和批评指责能成就的，而是需要满足孩子的需求，给孩子安全感，平等地和他对话，没有师道尊严的指责，没有家长式的命令，这才是最好的沟通和教育。很多家长每天看到孩子做作业很慢、吃饭很慢，孩子的一举一动只要达不到家长的要求就会唠唠叨叨。我曾经做过一个小调查，孩子和家长沟通不畅的原因最多的是妈妈爱唠叨、爸爸脾气暴躁。我和一个朋友做过试验，让她不要唠叨孩子，当孩子做错事的时候，她微笑着提醒她，记下次数，如果连续三次犯错再和孩子好好地谈一次。另外，我让他们和孩子做一个奖励约定：孩子每天自己主动完成作业计1分，学习有进步奖励2分，孩子能帮助家长做家务加1分等。这些都是将孩子的弱点作为加分项，以此来激励促进孩子自主地改正缺点，要是家长唠叨，也要反过来给孩子加分，能够促使家长不要唠叨个没完。一周下来，我的朋友不再唠叨了，她告诉我这个方法很好，自己想开口说孩子的时候就想起了奖励约定，就马上闭嘴不说了，她这一周不再焦虑，变得开朗爱笑了，开玩笑说已经奖励了几百元钱给孩子。从此，她家里不再吵得鸡飞狗跳，代之以哈哈大笑。

晓波经常把自己的学习经历告诉他的孩子们，在孩子们面前说起我是这么教育他的，他让孩子们自觉学习，他不再唠叨和说教。他很自豪地告诉我，两个孩子都要比他小时候学习好，学习很主动。他经常奖励他们，满足他们的要求，带他们出去玩。我调侃他还是好家长啊，把孩子教育得比他好就成功了！当然，我的脸上洋溢着和他一样的微笑，为他高兴。

教育应该是亲密关系的推动剂，教师应该成为师生关系、亲子关系的催化剂。只有师生关系亲密了，学生才有学习的安全感和放松感，他们学习的主动性才会提升。小学生，有时候看他们像个大人，什么都懂，但是心理毕竟还是小孩子，他们的认知还是感性的。因此，教师对孩子的好要让孩子看得见，体会得到，要符合小学生的认知。欢迎学生来家里做客，把他们当作贵宾一样接待，学生的心就踏实了，老师不再像在教室里那样严格要求，可以一下子拉近和学生的距离。只有师生的心近了，那么，老师或严或宽都是爱，表扬批评都是爱，这样的教育才是和谐的、和合的，学生的学习也是快乐的，这不就是我们所期望的吗？

3

让爱爆发学习力

学生回忆

我也有自豪的一面

冯 芬

每次提起笔，就有一种莫名的亲切感油然而生……我就想到了陈老师。

记得上小学二年级时，有一次在写字课上，陈老师发现我们的握笔姿势不对，最主要的原因是铅笔削得不好，我们那时的卷笔刀没有现在的好，有时削出来的铅笔太尖一按就断，有时削的时候刀片不够

锋利，所以我们大多选择用小刀来削铅笔。同学们自己削的铅笔，有的因为削得太短，不好握。于是，陈老师就拿出铅笔，一边帮同学们削铅笔，一边告诉我们削铅笔的方法。然后从第一排开始，一个一个地看过去，看到有同学的铅笔断了，或铅笔削得不好，就拿起小刀一个一个地削起来，一边削一边告诉我们，笔削得好，握笔就有力量，字就写得更漂亮。当时，我的铅笔盒里有 3 支铅笔，都是削好的，但一想到如果铅笔断了，陈老师发现就会帮我削铅笔，而且我看到前桌同学的笔，陈老师帮她削得既漂亮又好写字，于是，我就偷偷地把两支铅笔折断，然后放进铅笔盒里，心里暗暗祈祷：如果陈老师能看到我的断铅笔，而且帮我削好，那我以后一定好好写字。果不其然，陈老师走到我的面前，拿起了我的断铅笔，认真地削了起来。我抬起头，看着陈老师满手都是铅笔灰，还是一丝不苟地在削着，还不忘叮嘱我写字的方法、握笔的姿势……

虽然我现在没成什么大器，只是个卖窗帘的，但只要我一给顾客记录窗帘的颜色、尺寸，顾客都会问："你是什么学校毕业的？字写得这么好！"这句话一出，我就想到了陈老师的谆谆教导，幸好有了陈老师，让我这没啥出息的学生，还有让人夸的一面，也让我享用一生！

初一刚开学那会儿，只要我们的小学同学遭到别班同学的欺负，说自己是六（1）班的，就会有同学过来解围的。那时就会看到别班同学投来羡慕的小眼神，然后说道："你也是六（1）班的啊？"那时，我们就是自豪地说"那是"，这是别班同学羡慕不来的。

这也和陈老师教育我们的"班级要团结友爱"分不开。

【涌泉中心校 1986（1）班学生，现为个体户】

教育思考

冯芬同学虽然一直生活在涌泉，但是她也是几十年来一直和我保持密切联系的学生之一，我们似乎成了你来我往的亲戚一般。她说自己几十年没有拿笔了，不会写文章了，这篇文章还是后半夜忙完了工作，等孩子们都睡了，她静静地写出来的。她还感谢我这么多年一直记着她这个没有上大学、留在农村的学生。我读着她的文章，听着她的留言，很感动，很感慨。她本来可以继续上学的，由于某种原因，她没有上大学，但是个人整体素质优秀，不管做什么工作，只要自己够努力，都会成功，也就是行行都会出状元。她家的窗帘店在当地是小有名气的，很多城里人会跑过来订购窗帘，理由是同样的花色布料，她家的要便宜得多，而且她审美好，服务态度好，人又直爽，整天和顾客说说笑笑的。所以她整年都是忙碌的，整天都要守在店里。

冯芬长大后和我的关系一直很亲密，虽然我们见面次数不多，心里却一直很近，从未远去。让我非常感动且印象很深的是有一年春节之前，她打电话给我说："陈老师，你快下来一下。"她忙碌的生活养成了她的快言快语，我已经熟悉了。我很奇怪，问她："你在哪儿呢?"她说在我家楼下了。我飞奔下楼，她真的站在我家门前的路边。她笑着说："我来看一下你就回去，橘子成熟的时候别的同学会送你橘子的，你有的吃。我这箱橘子放到现在，相当于之前的10箱了，哈哈……"她放下手中送我的一束鲜花，我们就在路边热烈拥抱。这就是我的学生，她自己不会开车，在春节前争分夺秒地赶活的时候，搭别人的顺风车来城里看我一眼，送上她亲手种的橘子，这1箱相当于10箱的橘子。这份沉甸甸的感情，印在了我的心里，温暖着我，陪伴着我感恩地工作。

小时候的冯芬是很懂事，而且是全面发展的，朗读好，字写得好，跳舞好，人缘好。读着她回忆的事，我不禁发笑，笑过之后又思考：小学生在学校里是多么希望得到老师具体的爱啊！现在的学生学习用品准备齐全，和老师之间的交集似乎减少了。老师应该创造一些帮助学生的机会，让学生感受到老师是爱他（她）的。当学生的笔掉到地上的时候，老师可以悄悄捡起来帮他放进文具盒里；当看到学生的作业本卷边的时候，不要批评，而要用手把卷边摊平；当看到学生的衣服扣子没有扣好，可以帮他扣好扣子；当女同学的头发凌乱时，女老师可以帮她扎个漂亮的辫子……小学生虽个子小，但他们的感知能力强，能感知到小小的事、大大的爱。

课内学习，功夫在课外。亲密的师生关系一定是学生学习的催化剂。教师不但要备好书本上的课，还要备好与学生亲密关系的课，只有让学生感受到教师的爱，他们才会在爱中快乐地学习。就像冯芬的回忆中所写道的："如果陈老师能看到我的断铅笔，而且帮我削好，那我以后一定好好写字。"那时，我不知道她写好字的原因，只看到她字写得越来越好，朗读也越来越好，作文也越来越好，她越来越爱上语文课，语文成绩也越来越好，有一次她考了100分，成为全班第一。当时我和同学们都很惊讶，几个同学还反复查看她的试卷，但是同学们都挑不出试卷上错误的点，连个错别字也没有，也就心悦诚服了。这件事我记忆犹新，当时也曾疑惑过，冯芬怎么像变了一个人似的。直到现在，我读到她写的文章，才明白，冯芬学习进步的原因竟然是我帮她削了铅笔，那一次帮忙削铅笔竟然会成为她学习的无尽动力，让她记了30多年。她漂亮的字在她现在的工作中得到了顾客的赞扬，这又给予她无限的自豪，是不是又成为她笑对顾客的理由，成为她努力工作的不竭动力呢?

学习的内驱力来自外在因素和内在因素，外因一定要通过内因来起作用。教师的赞扬、帮助、陪伴都可以是外因，假如教师给予他们足够的爱，让爱陪伴着他们学习，他们会从内心发出爱学、乐学的劲头，让外因转化成内因。我相信任何人都可以学好，学生的学习力是可以爆发的。这就是教育的艺术，不在于传授本领，而在于唤醒、激励和鼓舞。

4

关注细节　关爱平凡

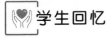学生回忆

甜甜的笑容

冯玲红

笑，是最美好的。在我心目中，陈老师的笑容是最美的。

记得那次学校大合唱，我们班唱的是《好爸爸坏爸爸》。我们唱得正投入时，一只最会挑时间的、让人讨厌的蚊子也来凑热闹，嗡嗡的，好像也是我们中的一员，飞到我的脸上，刺得我又痛又痒。我想赶它走，可是台下有那么多老师和学生在看我们表演，一动就会影响

其他同学。为了班级的集体荣誉，我只能任凭蚊子在脸上咬，一动也不敢动，坚持到最后。表演结束下了台后，陈老师表扬了我，说蚊子咬我，我却一动不动，说我有坚强的毅力。那时我只是一个不起眼的小女孩，她连这件事都能看到，还能在那么多同学当中表扬我，我的心里是无比开心的。

让我最感动且记忆犹新的事是：那是一年冬天，上陈老师的语文课时，老师让我们记笔记，同学们都在认真地记，我却一字没写。此时陈老师看到了，走过来问我为何不记笔记，我说："手冷，握不住笔。"于是陈老师就伸出她那双暖和的手，握住我冰冷的手，那一刻我就觉得她像妈妈一样，关心我，使我感受到了冬天的温暖。

时光荏苒。虽然您只教了我们短短的 3 年，到如今，只要一到冬天，我的手一冷就会想起您那双暖和的手，就不觉得冻手了。

希望您那甜甜的笑容永驻面庞。

【涌泉中心校 1992（3）班学生，现为缝纫工】

教育思考

冯玲红是我的第二届学生，我只教了他们 3 年，小学一年级到三年级，因为工作调动，我离开中心小学之后，我们一直没有见过面。我只记得她个儿小小的，白白胖胖的，说话声音小小的，很文静，很可爱，坐在教室的第一排，可以说是教室里最不活跃的学生之一。几十年后，当我在班级群里问他们还记不记得读一到三年级，我和他们一起的记忆时，玲红很快地回应了，我让她把记忆写出来，她当天深夜就交来了"作业"，我又一次被感动了。

她回忆的事勾起了我的回忆，我只记得我很重视学生的书写，那时候学生写字的时候，教室里安静极了，真的只能听见笔尖划过纸张的沙沙声。我经常会看着他们写，看哪个同学的坐姿歪了，哪个同学的握笔姿势不对，我就会轻轻走过去帮助他们摆正姿势。记不清我有多少次握着他们的手带着他们一起写字了，想不到玲红记得这么深刻。在她感到寒冷握不住笔的时候，老师没有批评她，而是用温暖的双手暖和着她的小手，一直暖到了她的心里，一直暖到现在。都说"爱"是大概念，爱学生没有固定的模式，但是爱却是具体可感的，一摸一握，一笑一暖，一句表扬的话，就是那至深的爱。

也许，班级里不爱说话的学生上课时发言不够积极，展示机会少，受到的关注也少，他们真的会自信心不足。我很高兴，我是面对每一个学生的，没有遗漏他们中的任何一个，我公平地对待他们，给予了他们同等的爱。上课时，积极举手发言的同学当然有更多的机会，而我却经常叫不举手的同学来发表意见，把一个难度不大的问题抛给他们，努力每天让每个同学都有发言和展示的机会。玲红对这两件事印象这么深刻，是不是因为从中感受到了老师对她的爱呢？反思我们的教育，面向全体学生，为了一切学生，在课堂上我们做到了吗？我们应该重视，给每个学生搭建学习的平台，让每个学生在不同的学习环境下都有展示学习成果的机会。

我记得玲红的朗读很好听，书写很认真，我帮过她学习，我也表扬过她，但是她记得最深刻的，却是在课堂之外的事。大合唱的时候蚊子叮咬她，她却一动不动，事后老师的表扬让她记了一辈子。这么小的孩子，她的敏锐的感知力是多么强大，她竟然可以忍着蚊子的叮咬而一动不动地大合唱。作为教师，玲红的回忆震撼着我的心。学生对于教师来说或许只是其中之一，教师对于学生来说却是唯一的。课标要求教师应该做到以生为本，面向全体，在班级授课制下教师要做到每时每刻面向全体，那是不容易的。回想自己当一线教师的日子，还是能努力做到关注每个孩子，让每个孩子在学校里都是被关爱着的，这样他们才不会孤独，才会有安全感。要是教师能发现他们的闪光点，哪怕给孩子一个微笑，他们都会很高兴，有些孩子真的是给点阳光就灿烂的，我们何不多给一些阳光呢？

作为教师，我们首先要学会微笑，微笑是世界的通用语言，取之不尽，用之不竭。教师不管自己的情绪如何，站在学生面前的时候就要笑靥如花，给学生一个好心情。要是教师板着一张脸，大部分学生看到自然会提心吊胆。良好的师生关系，和谐的课堂氛围，需从教师的微笑开始。其次，在课堂内外，教师要学会仔细观察，观察每个学生的一举一动，发现他们的喜怒哀乐，或许有的学生会给你意想不到的惊喜，你会发现他们身上的闪光点。尤其是当发现普通学生的闪光点后，要大力表扬，以提高他们的自信心，让他们在同学面前可以昂首挺胸起来，这样同学关系就会平等友爱，在这样的班级中学习应该是快乐的、自由的、轻松的。我们应该努力践行，先育人再教书。

5

学生会懂教师的爱

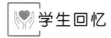学生回忆

走路练轻功

陈 英

　　我的老师是一位全才，不仅会教书育人，而且非常有耐心。我的嗓音很清亮，所以老师经常弹着琴叫我唱歌。在老师的关爱下，我唱得非常卖力，经常在班级里领唱，老师甚至还说要我唱给她的弟弟听。一天下午，老师的弟弟真的来了。老师催促着他快点到教室里来，她弟弟像飞箭一样从一楼跑到三楼。然后，老师弹起风琴，叫我

唱第一遍。我随便唱了一下，看到他们没有任何反应。老师笑着说：
"没事，别有压力。"第二遍，我又随便唱了一下。老师说："没事，
再来一遍。"我偷瞄了下老师弟弟的表情，感觉有些奇怪，他好像在
说："唱得也没有特别好啊。"但陈老师坚持要我再来一遍。这次，我
放声唱了出来。老师弟弟听后说："很不错啊！"老师得意地对弟弟
说："她唱得好对吧?"我也偷偷看了一眼老师，看到她在得意地
笑着。

　　我们的老师不仅教书教得好，而且非常注重仪态仪表。每当我走
到学校的楼梯时，我都会想起我的老师。晚上，老师会带领我和另一
个同学上到三楼去跳舞。那时，教学楼里一片寂静，我们的喘息声和
心跳声成了唯一的背景音。我们每次上楼梯都会发出"咣当咣当"的
声音，但老师告诉我们，走楼梯时要轻，身体要挺拔。从那时起，我
就开始练习"轻功"。当我们从一楼走到三楼时，老师在三楼竟然没
有听到我们的脚步声。她惊讶地问我："什么时候练的轻功啊?"

　　还有一个寒冷的冬日清晨，我缓缓地从蒙眬中醒来，意识到该上
学了。透过窗户，我看到外面仿佛换上了全新的白色门面，心中不由
得哆嗦了一下。我哆嗦着起床、刷牙，然后准备去学校。路上，我看
到屋檐下的冰柱子长长地垂着，还能听到广播的声音。当我到达教室
时，已经 7 点整了。我的鼻子和手都被冻得通红。突然，一只大手握
住我的手，问我冷不冷。然后，她用两手搓着我的小手，我内心充满
了胆怯、幸福和激动。我没想到我和老师之间的距离这么近。搓了一
会儿后，我的手也热了，她又握住另一个同学的手，也给他搓了一会

儿。渐渐地，教室里的同学越来越多。老师让我们跟着她一起做手操：1234，2234，3234，4234，5234……做完手操后，我真的感到手暖了，脚暖了，心也暖了。

【涌泉中心校 1986（1）班学生，现为个体户】

💿教育思考

读着学生们 30 多年后写的回忆，我心情澎湃，十分感动。曾经我坚持一个理念：学生一进入校园就把他们当作大人来看，平等公正地对待他们，和他们讲道理，和他们商量着办，这样，他们会懂老师的心。现在，学生回忆的点点滴滴，更让我坚信学生不但会懂老师的心、老师的爱、老师对他们的好，更会记住一辈子。童年的记忆，应该留存美好。

陈英是我印象比较深的一个孩子，她记忆里的事我也都历历在目。娇小的她有着一副好嗓子，语文课上不紧不慢的她在音乐课上却显得特别精力充沛，我幸好兼着他们的音乐课，发现了她的特长。音乐课上，她是那样自信和自豪，这种激情可以说是在燃烧。她的嗓音很好，乐感很强，自然成为班级里的领唱者。她的舞蹈动作很大方，很自然，每个动作都做得很到位，每年只要有舞蹈节目，她都是小舞蹈演员。我也经常在放学后让她唱歌给别人听，同时我告诉她要好好用嗓音，朗读也要读好。音乐的天赋给了她很多的自信，也给了她学习的动力。后来，她的学习也越来越有方法了，进步越来越大。因为我常年住校，下午放学的时候学生们经常黏着我不肯回家，我有时候就带他们做游戏，有时候和他们一起唱歌、一起跳舞。陈英和牟晨的回忆里都有晚上来教室里跳舞的事。记得她俩曾经有个双人舞要参加比赛，练了很多个夜晚，花了不少时间，她们和我的关系更加亲密了。也有了她们把走路都当成了练跳舞、练轻功的事，也有了我送她们回家，她们把我当作了同伴，肆无忌惮地在老街的转角吓我的事，我被吓到了，她们快乐地跑了，多么快乐的童年，多么有趣的回忆啊！同学们也盼望着周末的到来，不是因为可以不来学校，而是他们希望可以再来学校，周末的安静的校园成了他们的王国。当时我从他们的表现中看出他们是快乐的，不管来学习还是来玩。而现在的这些文章都证实他们确实是快乐的，快乐印在了他们的记忆里，也印在了我的记忆中。

在他们小的时候，四季分明，乡村的冬天特别冷。那时的教室里是没有空调的，就是玻璃窗也不会那么严密，有时候玻璃破了没有及时修补，就用纸糊一下，可是冷风会从缝隙里钻进来，学生也没有羽绒服穿，握笔写字经常会僵硬着手指，有的同学甚至因为怕冷而不想把手从衣袋里伸出来。我从来不责骂他们，看到不写字的同学就知道他们不够暖和，走到他们身边悄悄地用自己的手暖和着他们的小手，还握着他们的手一起写字，一边暖手一边指导写字，这真真切切地算手把手地教。"暖手",这是我的切身体会,也印在我的记忆里:我小时候经常被爷爷和爸爸的大手暖和着,我不感到冷了,还感到了温暖和宠爱,也就更听从长辈的话了。小时候我被长辈暖着手,当老师后我暖着小朋友的手,很自然,很亲切,这是暖意和爱的传承吧。在同学们的回忆中,我暖和他们的小手的事被写到很多次,看来握手、暖手、牵手,确实能拉近师生之间的距离。陈英写道:"我内心充满了胆怯、幸福和激动。我没想到我和老师之间的距离这么近。"多么真实而又朴实的感受啊!

教师可以反思自己,你有没有板着脸训斥学生,你有没有居高临下地命令学生,学生来到你身边你有没有隔着远一点?教师和学生之间的距离到底多少才是合适的?我觉得在低年级,师生之间的距离是最近的,到了高年级,握手的距离还是合适的。在我众多学生的回忆里,暖手的情景是幸福的、激动的。当然,我是女教师,回忆暖手的她们都是女学生。

陈英长大后,我去她家看望过她,之后就很少见面了。有一年暑假台风过后,我和我妈回到涌泉,在街上找了家饭店吃饭,不想这家店正是陈英爸爸开的。她爸爸认出我了,高兴地大声说:"陈老师啊,你对我家陈英太好了……"他不断地说起往事,然后给我加了几道菜,说难得碰到,说以前我教他女儿的时候从来没有感谢过我。这件事令我和我妈都记忆深刻,我妈觉得我不教他们这么多年了,学生家长还记得我,对我还这么好,可见我对孩子是真的好。因为她一直教育我,当老师切不能打学生,要对学生好,学生会记住一辈子的。她一直念叨着她的老师——陈老师，曾经对她很好，让她不要因为一个人走山路而辍学，可以到食堂蒸饭吃。于是我妈对我刮目相看了，我不再只是她眼中的女儿，她觉得我是学生和家长心中的好老师了。

回忆过去，那是青春燃烧的岁月，我的青春陪伴着学生们的童年。从幼稚到成年，学生始终记得老师的爱。那份美好，值得珍藏。

6

让课外活动丰富起来

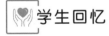学生回忆

翘课去看日出

李巧红　冯　国

我们的家乡在涌泉，是一个远近闻名的蜜橘之乡。在这里有幸遇到了一位令我们一生难忘的小学语文老师。

这位老师就是陈老师。她长得很美，眼睛里总是闪烁着智慧的光芒。她的声音很好听，让人听得心旷神怡。我们特别喜欢听她上的课。她总能把枯燥的语文知识讲得生动有趣。有时候下课铃声过了很

久，我们都不愿意下课。

陈老师不仅关注我们的学业，还关注我们的品德教育。她总是用自己的言行来影响我们。记得那时我们非常胆小，一紧张就满脸通红，眼睛不敢看老师，上课也不敢举手发言，有时候手刚举起来又放下。陈老师就像能看透我们心思似的，一次次给我们机会，一次次走到我们身边，一次次挽着我们的肩，给我们力量，事后总是不断鼓励我们。这样我们的胆子越来越大，也越来越自信了。

陈老师还经常组织我们进行课外活动，如诗歌朗诵、书法、拔河比赛等，那时候我们班总是样样拿第一。我们印象较深的还是那次拔河比赛。我们班同学个头比较小，不如隔壁班的学生人高马大，赛前还被他们瞧不起，扬言这次总算能赢我们班一回。可你猜结果怎样？还是被我们这些小个子给打败了。我们的欢呼声响彻整座教学楼。

印象最深的事是在我们小学五六年级的时候，陈老师讲授了徐志摩的《泰山日出》后，告诉我们要学会观察生活、观察自然。课后我们全班同学激烈地讨论怎样观察自然、观察生活，不知是谁提出要不我们也去看日出吧，于是我们相约第二天清晨一起去看日出。那是一个冬日的清晨，我们在6点钟左右相约在后泾岸边，陆陆续续大概有20多名同学齐聚到一起。冬日的清晨，天还是有点黑的，河边此时已经泛起了层层白雾，同学们三三两两走在田埂边，朝着将军山方向走去。我们翘首以盼地等着日出，然而却没等到日出，等到的只是层层浓雾。此时快到了早读时间，学习委员这时大声地喊："早读时间到了，我们应该回学校了。"同学们此时面面相觑，不知道是应该回学校早读，还是继续等日出。就在同学们不知道怎么办的时候，冯国说了一句：我们还没有完成看日出，就是没完成老师布置的作业，我们应该看完日出，再回学校上课，老师应该没有意见的。于是大部分同学都留了下来，坐在田埂上翘首东方，等待日出。

随着时间的流逝，太阳终于慢慢地推开迷雾，从东方升起。将军山头一轮红日探出半个脑袋，顿时霞光四射，就在瞬息之间，雾气就散了，阳光照射在田野上，四周豁然开朗，我们眼前清晰地看见田里碧绿的红花草，绿油油的麦苗挂着露珠。

等阳光普照大地的时候，我们才意犹未尽地回到学校，交流着看日出的心得。回到三楼教室，看见老师虎着脸看着我们，我们低着头，一个个灰溜溜地窜进教室。

现在回想起这件趣事，我还是感慨万千，我们孩提时第一次翘课，也成了我们一生美好的回忆。陈老师留给我们的还有很多很多，让我们终身受益。我们会永远永远记住的。

【涌泉中心校 1986（1）班学生，现经商】

教育思考

看着这篇文章，我的思绪也被拉到了 30 多年前——许多人不到校，看日出。我清楚地记得，有一个早读课，学生稀稀拉拉地来了几个，这太不寻常了，平常我们班的孩子到校后早跑，早跑后到教室早读，我到教室里的时候就会听到琅琅书声了。那天却很奇怪，怎么就这么几个人呢？等到了上课时间，学生还没有到齐，缺了一大半。我预感到学生们瞒着我去干啥事了，于是就问到校的同学，他们支支吾吾地不敢说，后来我表态不会批评，我只是担心他们，只想知道真相。他们看我急了，就把昨天相约看日出的事情说出来了。这些同学是怕爸爸妈妈知道了会批评，怕我会批评，就不敢擅自出去，到教室里来了。哎，我放心了，都是我平时惯的，带他们去田野，去小溪边，去山上采花，去野炊……

当我和在教室里的同学一起讲故事、猜故事的时候，这帮"看日出"的同学回来了，个个悄悄地低着头溜进了教室，我不理他们，继续我们的故事。这也是巧红、冯国回忆里的"虎着脸"。后来我和他们说了他们翘课去看日出，我很担心，以后一定要事先和老师请假，不能先斩后奏，下不为例。当然我也表扬他们会观察，爱生活，不过还是惩罚他们把观察到的、他们说的、心里想的真实地写下来。然后他们就咧着嘴释怀了，笑了。对于学生好意的犯错，教师要给予一定的宽容，要用足他们的错误资源，将坏事变成好事，这就是他们所需要的安全感。有安全感的学生，他们无须担心被批评、被惩罚，学习会更自信，更有激情，更有创造力。

冯国一直对我很尊敬，他称我为"先生"，我不敢当，但是我努力着。和他们之间的关系，除了师生，还是朋友，是家人。记得毕业以后他经常会给我惊喜。我到临海小学工作了，有一天中午，我在办公室里改作业，一个同事站在窗口喊着：哎，哪个姑娘有人追了？你看有人捧着鲜花来了。我们应声看向窗外，校门口进来了一个年轻人，手里捧着一大束鲜花，我们嘀咕着，看看这个年轻人会走向哪里。哦，走向第一幢楼了，我们打趣着办公室里的小姑娘，还以为会到我们办公室呢。我们坐下来继续批改作业。一会儿，有人推门进来，一个年轻人捧着鲜花，问：陈老师在吗？啊，我抬头一看，冯国！看我脱口而出他的名字，他走向我，我们热烈相拥！他说，陈老师，你老了！事后，同事们很羡慕我，有男学生长大了捧着鲜花来看我。这也是我收到的第一束鲜花，第一束来自男学生的鲜花。这个场景深深地印在我的脑子里。

后来他大学毕业，回到了家乡。有个夜晚，快 10 点了，我正准备睡觉，有个电话打过来，我接通后就听到一个声音喊着：陈老师，快下来，我们在你家楼下了。又听到另一个女的声音说：陈老师，先别下来，我们上去，我要先把电视剧看完。听那嘈杂的声音，我就知道涌泉那班学生来了，冯国、王凌华、王凌峰、冯勇、冯芬等。冯芬一定要我打开电视，让她先看完电视剧，我们就坐在我的客厅地上聊天。等她看完电视剧，我们再一起到望江门对面的江滨路排档吃夜宵，一边吃一边听歌，一直闹到凌晨才回家。那个夜晚没有睡好，但是很值得纪念，那是一个幸福的夜晚，我的学生们还可以像小时候那样和我撒娇，还把我当作朋友一样一起玩个通宵。老师的幸福莫过于长大的学生还记得你、爱着你，遇见这帮学生，我何其有幸啊！

后来，他们当了父母，他们的孩子也上学了，他们经常在同学群里聊着孩子的读书情况，同时比较着他们小时候的学习情况。是啊，随着社会的进步，现在的孩子可以有很多的玩具，有好玩的游乐园，他们的眼界比他们的爸爸妈妈宽多了。但是我想，我们可不可以带着孩子们到田野上，到山坡上，坐着静静地看着大自然，让时间慢一点，让孩子们的心静一点；坐着说说他们幼稚的童言童语，看看平常的风吹叶落，做做无聊的童年趣事？周末的日子，应该还给学生，由学生自由支配，请家长们放手，不要将孩子的时间安排得满满的，让孩子的童年多一点休闲，多一点快乐，我们相信童年的快乐会带给孩子一生的乐观！

巧红是个温柔贤惠的女子，她对别人很好，不求回报，她宁愿自己吃亏也不争辩，吃苦耐劳，还是小时候的模样。记得小时候的她是班级里不大引人注目的学生，很文静，说话声音很小，或许是大家眼中的"中等生"。有人说中等生往往容易被忽视，没有突出的个性，不会表现自己，也许是有一定的道理的。但是在我的班里，不管你处于哪个位置，都是一样被重视的。我认为，每个学生都是不一样的，每个人有每个人的优点，当老师最重要的是平等地对待每个学生，让每个学生都能得到最好的发展，要符合"最近发展区"原理。

对于中等生乃至后进生，要发展他们的综合素养，首先要增强他们的自信心，而增强自信心的有效方法是让他们参加丰富的课外活动。课外活动是深受学生们喜爱的，在活动中，学生们会释放天性，大胆快乐地玩，渐渐地，学生们的胆子大起来了，与同学和老师的关系也会亲密起来。回到课堂，他们会把课外的活动氛围带进来，因此，课堂学习的气氛也和谐起来，思维也活跃起来了。

巧红就是这样一个从胆小到胆大的例子。在课外活动过程中，她比较谦让，会照顾人，经常得到同学和老师的赞扬，这样，她的自信心也增强了。语文课上，我会多关注那些不爱举手的学生，我会请这些不举手的学生来回答简单的问题，最起码他们是会朗读课文的，因此，我经常请不举手的学生来朗读。有一次上语文课，我看到巧红刚举起手又马上放下了，还低着头不看我，我了解她的心思，她是胆怯的，可是又想展示自己，于是我走到巧红身边，请她来朗读课文。想不到这次她的声音变得很好听，声音很圆润、很响亮，朗读非常有感情，自然得到了大家的热烈掌声。这件事也烙印在她的记忆里。从此以后，她的胆子大了，性格变活泼了，上课时也能积极发言了，一句话，她变得自信起来。她经常带领同学们朗读课文，也越来越爱上语文课了，综合素养越来越高。她课后和同学、老师的关系也更亲近了，经常主动帮助值日的同学一起打扫卫生，下课了帮助老师拿作业本。我就拿她做的这些好事在全班同学面前表扬她，她在同学中的威信也越来越高。

长大以后，巧红要结婚了，要到临海工作了，她需要在临海城关买房子。她和彩萍同学商量，房子买哪里好呢？彩萍脱口而出：买在陈老师家旁边。当时，我也刚有自己的房子，刚从学校楼梯口的小房间搬到家里住。巧红听从彩萍的建议，房子买在我家旁边的小区。因此，我们联系多了，生活上也能互相照顾。我家和彩萍的单位也很近，她们经常一起到我家吃饭，一起到我家聊天，我们的关系就像读小学时那样亲密无间。我要是偶尔感冒告诉彩萍，她就会叫上巧红一起来照顾我。后来巧红怀孕了，她爱人在外地上班，我经常和她住在一起，互相照顾。以至于她孩子出生后哭闹的时候，我会哄着孩子，小孩子听到我的声音也就安静下来了。彩萍都笑着说：这就是胎教，胎教的结果。她解释说，孩子在妈妈肚子里的时候熟悉了我的声音，听到我说话就会安静。

后来我要置换房子，新房子还没有买好，老房子卖了，家里的生活用品又舍不得扔，衣服、被褥放哪里好呢？当时，她们不让我租房子住，经过商量，有一部分东西搬到我老妈家，一部分东西就搬到了巧红家里，占用了她家的一个书房，我也经常住到她家。她总是说，来我家吧，我家就是你家，我们不仅仅是师生，我们还是姐妹、亲人。为师如此，夫复何求！

7

寄宿的学生能力强

学生回忆

爱藏在每个细节里

程　晨

　　人到中年，回想小时候的事情已经很模糊了，而对那些印象深刻并产生久远影响的事情，却还是记忆犹新。我七八岁离开父母，开始了全日制寄宿校园的学习生活方式，和大多数同龄人的成长方式不同。接受思想品德教育，学习各科文化知识，同时还要学会生活自理和培养良好的生活习惯。离开原生家庭，在一个集体环境中成长，从

七八岁的儿童到十三四岁的青少年。这漫长又短暂的时光，对于学校、对于老师来说是不容易的事情，对于童年的自己，同样不是件容易的事。幸运的是，我是在被照顾、被呵护中快乐健康地长大的。长大后，每每回忆起关于临海小学的生活，都是倍感快乐和感恩老师与父母的。

关于生活教育，叠衣服、缝纽扣、换被套、铺床，牙膏放左边牙刷放右边，毛巾叠成方块放置在脸盆中间，吃饭不说话、不剩菜、不挑食，这些看似极其细微的生活习惯与技能使我受益终身。整洁干净的仪容仪表，有序有条理的生活，无差别地看待食物与珍惜农作物，老师是如何让学生养成这些习惯的，除了日复一日地陪同练习、指导纠正，还设立了技能活动周展示与比赛。叠被子比赛、缝纽扣比赛、穿衣服比赛……这些都是小时候参加过的比赛，我还拿过奖状。印象最深的是为了参加缝纽扣比赛，上课之外的时间我都在一块布上不停地练习缝纽扣，穿针引线固定纽扣以及打结完成。不小心把针戳到手指上就很痛，老师则会保护我们的安全，也会耐心地帮助我们反复用正确的方法练习。长大后我才明白，这就是对手指、眼睛的精细化训练。那次比赛不仅提升了我的日常技能，提高了自理生活能力，同时也锻炼了手指、眼睛和大脑。

长时间的寄宿生活也让我养成了不挑食的习惯，直到现在依然如此。这可是太好的生活习惯了。填饱肚子是生活的头等大事，老师总说"每餐都一定要吃饱饭"。有一次贪玩，我在操场上玩耍而错过吃饭，等到肚子饿的时候，才想起来要去食堂吃饭。到达食堂的时候，我发现大家都吃完了，已经在收餐具了。老师一直在食堂等我，问我饿不饿，现在过饭点了没有饭菜可以吃了。你怎么办呢？老师告诉我按时吃饭的重要性：一是为身体健康；二是食堂工作人员因为部分人没有及时吃饭就会一直等待大家，这样会造成时间的浪费；三是饭后的动画片观影时间会因为晚吃饭而被压缩。故事的最后是，老师帮我留饭了，还陪我吃完饭。在集体学习与毕业后的工作中，不挑食的人会减少别人很多的麻烦，也更能融入企业与组织的集体工作生活中。按时吃饭，吃饱饭，就不会有胃病。长大后的工作中，这个良好的习惯让我很受益。身体好就能时刻充满力量，精神好，工作关注度和效率就会提高。

在学校学会生活自理，培养独立生活的能力是基础的部分。为了熟练掌握这些生活技能，刻板的规矩和反复练习的技能听起来给人一种很枯燥的感觉，但校园生活的技能是随着长大在变化的。在我 10 岁的时候，我过了一个难忘的生日：装扮教室，准备生日会表演的节目，说祝福语，分发零食和水果，全班小朋友一起唱生日歌，切蛋糕，吃蛋糕。每个小朋友都有一次过集体生日的机会。在这个过程中，我们学会了组织与安排，学会了祝福与接受祝福，学会了庆祝与许愿，理解了生命与长大的意义。这对于老师来说是件很辛苦的事吧。要放手让我们去完成这个生日会，又要照顾每个小朋友的个性与差别化，还要引导和帮助我们树立正确的生活观，不只是吃苦耐劳，也包括掌握庆祝美好生活的方式。

以上都是最基本的生活能力，德智体美劳全面发展的教学理念，也在无处不在地实践着。现在的很多学生都很苦恼于写不完的作业，而我小时候却从来没有这样痛苦的回忆。关于抄写，对于容易掌握、很快就能写对的词语和句子，可以少抄写几遍，不用一遍遍地重复抄写，对于笔画多、不容易掌握的部分，就多抄写几遍。同学们可以自主地决定自己的抄写作业量。关于练字，每天 45 分钟的午间自习，就是练钢笔字的时间。练字不是为了成为书法家，而是每个同学首先都要正确规整地书写，在这基础上，再去追求书写的美观性。关于写日记，在我还认不得多少字的时候，就在用拼音加汉字的方式写日记。写什么都可以，只要每天坚持写。写天气，写心情，写植物的变化，写想念爸爸妈妈，写玩耍的快乐事。关于这样的练习，在每天的潜移默化中渐渐地就养成了习惯，然后在反复使用中变得更好。我记得人生中第一次作文比赛获奖，写的就是《〈我的父亲邓小平〉读后感》。日常抄写积累的词语，练字时聚精会神地理解汉字，漫无目的地记日记，这些润物细无声的训练方式，使我们在点滴中就学会了"识字—写字—表达—记录"，并变成一种习惯。也正是这个小小的作文奖项，更加激励着我学习语文，更加热爱阅读与写作。

还记得老师帮我辅导作文的那个星期天，天气很好，学校很安静，只有寄宿班的同学。老师因为咽喉炎讲不出话，用微弱的气声和我交流，如何修改读后感，如何在作文纸上写作文。不可以涂改是最基本的要求之一，我写到第四遍才没有涂改地通过。老师就是这样既耐心又严格地对待学习的，也让我们在一次次的高要求的练习与修改中形成习惯。良好的表达与准确的记录，不仅仅是一门功课和知识，更是一种能力，写作能让人有更好的沟通能力、表达能力、逻辑能力、记录能力等，这些是无论何时都需要的技能与能力。

除了阅读写作以外，座谈会也是我很喜欢的第二课堂。老师经常会提出一个话题让我们自由讨论。比如"你喜欢谁""为什么喜欢""你长大后想成为什么样子"。教室的桌椅会排成回字形，每个同学轮流说。没有标准答案，只有各抒己见。至今我还记得我说的是什么，我说我长大后想环游世界，用文字和图片记录自己的所见所闻。很多年后的现在，我虽然还没有实现环游世界的梦想，但去过很多地方工作，不仅用文字和图片，还用植物，记录着走过的每个角落。那个年代，长大后想要成为老师、医生、科学家应该是最令人喜欢的回答吧，但在很小的时候，我们被允许表达自己喜欢的、向往的，这是多么珍贵的事情。

寄宿生的生活是不同于大多数同龄小孩的，长大后我也经常被问起，如果可以选择，你会想要去临海小学当寄宿生吗？我会。一直很感谢有这样的成长经历，因为老师，因为环境。作为 20 世纪 80 年代末出生的小孩，父母大多都在为生存为生活而努力奋斗着。父母其实没有太多时间照顾小孩的身体和心灵。远离父母，由爷爷奶奶或外公外婆抚养长大的小孩是居多的。幸运的是，我是在一个集体环境中长大的，它有客观的标准和时间表，它有教人明理学知识，又培养生活自理能力的双重教育。在这样的环境里养成的性格和习惯，是远远要比我自己在原生家庭环境或者成为留守儿童远离父母形成的要好得多的。爱是平等的，规则是客观的，良好的习惯是潜移默化的，知识是日积月累的。更重要的是，临海小学的学习生活，是快乐和温暖的，是平静和受益良多的。这样的童年与青少年时光，是我一生美好的底色。

【临海小学 1995（2）班学生，现为花艺师】

教育思考

程晨写的文字，一下子把我拉到了与他们朝夕相处的 6 年时光。这个 6 年，是我最繁忙的 6 年，也是透支健康的 6 年；是日夜加班的 6 年，也是我和孩子们一起快乐成长的 6 年。程晨是留给我印象最深刻的孩子之一，她从进校门到小学毕业，改变很大。

记得她刚转学来的时候，很像一个男孩，留着短发，脸蛋儿晒得黑黝黝，课余就和几个女同学一起在校园里漫无目的地游荡，有时候还到河边去抓小鱼，弄得衣服都湿了。我们班的生活老师向我抱怨：你们班男同学这么野，想不到女同学也像野小子一样，衣服刚给洗好，身上的又湿了，都是家里宠的，没办法。她继而又说：一天到晚在学校，放学后他们还真没事干，不吵才怪。我听后哈哈大笑，连声说："好啊好啊，会野说明这帮家伙是聪明的！"以至于之后学到《索溪峪的"野"》这篇文章时，我不禁联想到我们班同学的野。笑过之后，我却在思考对策，怎么让这帮留守的"野"孩子变得安静下来？怎么让他们的在校生活快乐起来？

首先，我让同学们制定一日的作息时间。在班队课上，他们开始讨论，从起床到睡觉，哪些时间是该锻炼身体的，哪些时间是安静学习的，哪些时间可以自由活动。于是，每天早上起床后，同学们会到操场上早跑锻炼身体，然后到教室早读。他们一定知道那时我会在教室里等着他们，我也会拿着书本和他们一起读课文，因此，要求学生会背的课文，我也会背。于是，没有一个同学可以在我面前蒙混过关，我可以一边改作业，一边听他们背书。午休的时候，我经常会到男生宿舍里去，让他们让出一个下铺的床位给我睡，这个中午就能安静地度过了。记得攀攀同学写过一篇日记，记录我睡在他床边的感受，他从屏住呼吸到不知不觉睡着，说睡了一个非常舒服的午觉。晚上的时候，我会选择在女生宿舍睡觉体验生活，女生们抢着要我睡她们的床位，有的早早就和同学睡在一起了，那是一个个很愉快的夜晚，我们聊着天，等到熄灯的时候，谁也不能说话了，安静地睡觉了。

我发现寄宿生班的孩子能力比较强，在学校生活，要培养他们良好的生活习惯。在宿舍里，我组织他们比赛叠被子、叠衣服、整理衣柜，我还会不经通知地到他们宿舍里看看谁的床位上被子叠得好。在教室里，我要求他们拿凳子不发出声音，人走凳子要放到桌子底下，课桌抽屉里的书和本子要叠放整齐，书脊要朝向外面，一看就知道是什么书，能快速地找到需要的课本和作业本。有时候他们到音乐室、电脑室、操场上课去了，我就到教室里逐个检查他们的凳子摆放和抽屉整理情况，然后把检查情况写在黑板上进行表扬。同学们一回到教室看到自己的名字出现在表扬栏里就非常高兴，接着就会做得更好，他们也很聪明地知道，陈老师会经常检查的，这也养成了他们随时整理抽屉的好习惯。我会告诉他们，知识就像你们的学习用品一样，要摆放整齐，便于提取。为什么你们学过的知识要用的时候会想不起来呢？就是因为你们没有整理好知识，知识很凌乱。要是你们把学到的知识也像抽屉一样整理整齐，用的时候拿出来就好了，我让他们试试。逐渐地，同学们的抽屉都很整洁，被表扬的同学也越来越多。后来我就改用批评，批评几个抽屉比较乱的同学，同学们看到批评栏有自己的名字都感到不好意思。程晨看到同学受批评后，就会帮助他们整理抽屉。遇到要走出教室学习的课，下课时，她就先检查一遍同学们的抽屉，把没有放好的凳子放到课桌底下。到我检查时，我发现所有同学都做得很好，于是特别高兴地表扬了全班同学，那天晚上还给全班同学都免了作业，夜自修可以自由活动。大家回到教室，欢欣雀跃。后来我才得知，原来都是程晨同学一下课就帮同学们整理好了的。我很惊讶，这个孩子，进步这么大，有大爱，大气，有责任心，认真。接下来那个学期，程晨就被同学们选为班长。她也就更加认真学习，认真地为班级同学们服务了。

程晨记忆里的生日晚会是我们班的一个特色，分大蛋糕也成了我的拿手本领。夜自修我是从不上课的，主要让他们完成课后作业、阅读，生日晚会成了他们的期盼。52 个同学，除了少数几个家长不给孩子过生日外，平均每周会有一个同学过生日。到了同学生日那天，同学们会自行布置教室，会有主持人，每个同学都会说一句祝福的话，而且要求不重复，这成了他们快乐交流的源泉，之后吃蛋糕，分发零食，大家快乐地享受这美好的时光。小寿星幸福地接受同学和老师的祝福，许愿，感谢。我也加入了祝福的行列，还负责切蛋糕。生日晚会应该会成为同学们成长中的一次次美好的记忆，也充实着寄宿生的校园生活，加深了同学们之间的情谊。真像程晨所说："在这个过程中，我们学会了组织与安排，学会了祝福与接受祝福，学会了庆祝与许愿，理解了生命与长大的意义。"

寄宿生住校，在校时间长，怎么做既丰富他们的课余生活，又能培养他们的综合素养呢？我经常安排集体活动，组织开展实践性活动，开展无压力的阅读和习作。比如程晨记忆中的把教室里的课桌围成一个回字，大家坐在一起开座谈会。我会根据大家近期的表现或出现的问题进行讨论，找个主持人，抛出一个话题，让大家轮流畅所欲言。一方面创设了轻松愉悦的交流氛围，另一方面大家在一起谈一谈，释放一下压力，老师可以听一听同学们的想法，增进对学生的了解，也增进他们之间的友谊，同学间的感情会越来越好。同时，他们在谈话的过程中也增强了口头表达能力，有时候还会写一写，学生在说的基础上再写就降低了写作难度，写的都是他们真实的想法，这实际上是一种变换形式的习作课，但同学们觉得轻松无压力，学习就变得很愉快了。

练字、阅读和写日记，这是每天的必修项目，没有字数的规定，没有内容的规定，同学们可以自由选择。练字时，我只要求他们认真地写好每一个字，圈出自己最满意的一个字；阅读，可以随意读几页书，交流的时候能讲得出来这本书讲什么，哪些情节很好笑、很有意思，哪些人物发生了哪些事；写日记时，要记录下真实的事情和想法。这样，同学们可以随心所欲，自由发挥。唯一的规定是必须保持教室安静，这其实就是练心，把心练得静下来，只有心静了，学习才会深入，才会高效。

读着程晨写的文字，我很欣慰，在他们童年的时光里，有个"我"陪伴着他们。我尽我所能，和他们一起吃，一起住，一起玩，一起学，经历着他们的顽皮和吵闹，也享受着他们的天真和懂事，虽精疲力尽，但教有所值。

程晨长大后在杭州工作，她经常邀请我去那里玩，她告诉我，周末可以到杭州来放松一下，她可以陪我。有几次，她是开车来接我的，我住到她家，她给我做早餐，做夜宵，带我出去玩。我们还是像小时候那样亲密，只不过她不再像学生，她无须我的照顾，我不再像老师，我变成了她要照顾的人，我是个幸福的老老师了。

8

竞争和团结

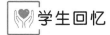学生回忆

灵魂人物

朱　浩

　　陈老师一直以来都是我们班级里的灵魂人物。她总是散发着一股强大的气场，仿佛无论发生什么事情，都能够应对自如。她的"要强理念"深深地影响了我们。她常常告诉我们，要有竞争意识，要不断地进步，争取在各个方面都做到最好。她说："不管做什么，都要力争第一，因为只有这样，才能不辜负自己和家人的期望。"这种要求

虽然有时候让我们感到有压力，但也激励着我们努力向前，将个人潜力发挥至最大。

同时，陈老师非常注重集体荣誉精神。她认为，一个班级的成功不仅仅取决于个人的努力，更需要整个班集体的团结合作。她经常鼓励我们要团结一致，共同努力，众人拾柴火焰高，只有大家齐心协力，才能够取得更高的成就。在她的带领下，我们班级在各项比赛和活动中屡创佳绩，我也由此深信团结合作的力量是无穷的。

在春游和秋游期间，我曾临时担任班级的领导角色，负责管理同学们的行动和秩序。尽管我平时的学习成绩并不出众，是大人口中调皮捣蛋的孩子，但陈老师从未因此对我嗤之以鼻或轻视我。陈老师善于发现并激发学生们身上的闪光点，并以她独特的教学方式对待每个学生，包括那些后进生，还给予我们展示自我的机会。这段经历让我深受感动和启发。老师的关爱和耐心让我明白，每个人都有自己的闪光之处，只需合适的引导和关怀，就能展现出最好的自己。

我对陈老师的性格也有着深刻的印象。她是一个极富正能量的人，总是充满自信和活力。她的热情和幽默总是能够调动起我们学习的积极性，让本来枯燥无味的学习生活富有趣味。她也是一个非常负责任的老师，总是尽心尽力地关心着每一个学生。陈老师注重学生的全面发展，在学习之外，还经常在生活中给予我们建设性的意见和鼓励。在她的引导下，我们不仅在学业上取得了进步，更在品德和人格方面得到了培养。

【临海小学 1995（2）班，现自主创业】

教育思考

朱浩小时候是我们班级里最高大的一个孩子，六年级的时候他就高达 1.8 米，是个白白胖胖的大男孩，我们有时候会学着他妈妈对他的称呼，用方言叫他的名字。他一直坐在教室里的最后一排。我告诉同学们，我从小学到中学，也都坐在最后一排，但是我的学习成绩一直很好，一直当班长。我们班同学对于座位是没有任何意见的，每周一早上，同学们会自动循环移动座位一次，每个组都有坐边上和中间位置的时候，那就不存在担心视觉偏与不偏的问题了，每个周一的早上也是他们比较高兴的时候，因为又有了新的位置。朱浩是班里个子最高的一个，但不是年龄最大的，也不是最吵闹的那个，他反倒显得有点腼腆，比较内向，思想比较成熟，心底是很柔软的，在同学中的威望却是最高的。他的字写得比较端正和清秀，朗读也好听。他爸爸妈妈在外经商，他就成了班里的大个子留守儿童。周末，对几个留守学校的孩子，我会有更多的时间和他们一起玩，带着他们一起吃饭。他们快毕业的那个儿童节，我和留在学校的 10 多个孩子们一起过。

那一天，我不做限制，只要是他们想吃的，想喝的，我都满足他们，他们在我刚入住的新家沙发上跳来蹦去，充满欢声笑语，自由和快乐传到了窗外。

我们班寄宿生的个性很强，能力也强，于是我在班级里开展自我管理，民主管理，以培养他们的自学自治能力。每个同学都有活干，每个同学都能当组长、当班长。每当春游、秋游的时候，我就开始示弱，我会当着全班同学的面说，我让朱浩来当班长兼班主任，春游、秋游这些事你们自己商量着办，平时我也太忙太累了，这次什么也不管了，我就等着你们做好饭给我吃，我可以当评委，看看你们的活动策划得怎么样，哪一组做的饭最好吃。于是同学们开始策划，很自由，很轻松，很快乐地组织。活动时，我则在旁边观察着，默默帮助着他们，拿起相机抢拍下他们野外集体活动的精彩瞬间。

活动结束后，我不布置任何的语文作业，也不要求他们写作文。等回到学校上课一周以后，我才在班队课上让他们总结这次活动的情况，特别表扬朱浩这个大班长，带领得好，组织得好，活动进行得井井有条。我也会借机表扬一些同学，让那些平时默默无闻的同学也能得到表扬。同时，我会把拍的活动照片投影出来，让大家再次重温郊游的快乐。当然，在欣赏照片的过程中，他们会看到同学们搞笑的动作、逗人的表情以及美味的饭菜，教室里不时哄堂大笑。这节课似乎又成了第二次小郊游，快乐再次在学生间传递。趁着这个氛围，我建议大家把刚才看到的情景写一写，可以加上自己的回忆，写上自己组的分工、自己的感受，完成一篇习作。这样的写作是没有压力的，学生也是乐意写的，写出来的习作非常真实而有个性。从学生的习作中，我可以了解到很多活动背后的事情，了解到哪些同学愿意付出，哪些同学是干活一把手，能看到很多同学在课堂上看不到的优点和长处，能更全面地了解学生。

不管是郊外活动还是学习活动，我经常把同学们分成小组，每次分组组员都会是不同的同学。我给同学们讲合作的故事、竞争的原则，告诉同学们，小组竞争不能见不得别人好，而是要争取比别人更好，要学习别人的长处，让自己变得更好。首先，这样的分组有利于同学们进行自主管理，几个人一组，他们会形成统一体，每个人都要出力，与别组竞争；其次，他们在活动和学习的过程中会集思广益，几个人会互相帮助，更加团结，有利于团队建设；最后，他们在小组内会更大胆，每个人的优势都能得到发挥，他们的自信心会更足。这也就是留给朱浩印象深刻的团队合作，强烈的集体荣誉感。作为一个班主任，班级的凝聚力形成了，就成功了一半，大家劲儿往一处使，就会有很大的正能量，班级良好的班风也容易形成，班级的舆论也会正向。这样，班级的民主管理就自然形成了。

从当教师那天起，我就认为一个学生优秀与否并不只是看成绩好坏，更不能凭着成绩看待学生，要看学生的思想品德和综合能力。按照目前的新课标来说，教育的主要任务是立德树人。教师应该看到每个学生的闪光点，这个学生不声不响，从好的方面来进行评价就是低调内敛，对每个学生都要有几个好的词语来形容他，使他自信起来。自信的学生，更能静下心来学习，思维才会在课堂上活跃起来，他才能感受到课堂是多么有趣。当然，教师首先应该是个乐观开朗的人，用自己的热情点燃学生的热情，用自己的幽默激发学生的幽默，这样的课堂才会充满欢声笑语，才能留给学生美好的回忆。

朱浩很重感情，长大后，他经常说对于我、对于教师这个职业，他发自内心尊重、敬畏和感恩。有时候遇见我的朋友，他会很自豪地和他们说他是我的小学学生，对他们也特别尊重。朱浩的孩子要读小学了，他兴奋地打电话告诉我，孩子和他读的是一样的小学，就是他的母校，他说孩子这个班级的老师也很优秀。我问他语文老师是谁。他说是陈仁军老师。我笑着告诉他，陈仁军老师很有才华，很会思考，很有爱心，比我还有水平呢，哈哈！他也笑了，他说老师真的很辛苦，自己当父亲了才明白，连自家孩子也管不住，老师却能管住那么多学生，还要让学生学得好，很了不起！

那年教师节，他和同学们说，孩子都上学了，我们都快老了，我们应该和小学老师多聚聚。于是我们有了一个小聚会，大家一见面就嘻嘻哈哈，互相打趣，亲密无间，仿佛又回到了快乐的童年。看着他们，我也仿佛年轻了，老师不老，因为有学生。真好！

9

从心底里对学生好

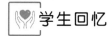学生回忆

打着哑语来上课

包珂珂

耳畔响起了琅琅书声。这声音从教室里传到我的脑海中，再传到校园的每一个角落，一丝一缕地勾起我的回忆。作为一名小学老师，我回想起自己在小学母校生活的时光，真是甘甜如蜜，滋润心田。

我永远怀念我的小学时光，怀念我可亲可敬的陈老师，怀念可爱的同学们，怀念学校外墙沿街的小卖部，怀念在操场闲逛的午后，怀

念春天小操场花坛里长出的嫩芽，怀念夏天把头伸进校园里的槐花树，怀念秋天在校园里扫落叶的时光，怀念冬天在校园里堆雪人的日子，怀念每周末可以穿便装、学吹笛、练写字的日子……

那时候，陈老师住的地方，就在我们的教室（现在是教师办公室）外，现在细想，那时候的陈老师，真的是以校为家啊。每一节课，我们都是欢快的，如果需要找我们谈心，陈老师有一个"独门秘方"，那就是常常邀请我们去她的寝室。一开始，我们被"邀请"都是怀着忐忑的心情的，谁知，陈老师总是拿出她"私藏"的零食，坐在床沿上跟我们谈心，帮我们理理最近的学习生活，用浅显的语言教会我们"见人善，即思齐。纵去远，以渐跻。见人恶，即内省。有则改，无加警"的大道理。陈老师总是这样对我们全身心地付出，以至于她后来做扁桃体化脓手术都让她当作小事来处理。周末手术，周一就回来上课了，哪怕是打着哑语上课，也不愿抛下我们，这是怎样的教育情怀啊！所以，现在的我，每每遇到教学中的困境，就都想想我的陈老师，因为她对教育的信念和情怀就像一粒种子，早就深深地埋在我的心里，在我的心里悄悄地发芽、长叶，始终鼓舞着我，成为孩子们喜欢的老师，成为更好的自己。

还记得有一次校园歌唱比赛，我们乘坐大巴车去台州影剧院表演，待比赛结束后已经是晚上近 10 点了，陈老师居然开着大巴车自掏腰包带着我们去小巷子里吃夜宵，我依稀记得一个个端着一碗碗热气腾腾的面条，铺着粉扑的小脸上洋溢着的幸福的笑容……

岁月匆匆，花开花落。在这里，我受到了严教育；在这里，我养成了好作风；在这里，我获得了知识，懂得了做人的道理，在陈老师的带领下茁壮成长。现在，我也将把这份爱传承下去！

【临海小学 1995（2）班学生，现大田中心校教师】

教育思考

珂珂成了浙江省教坛新秀，她、王野和我同年都参加了市教育大会的授奖，我特别兴奋，有两位学生同时获得浙江省教坛新秀是我当教师引以为豪的，我们的合影成了珍贵的照片！

珂珂是一位优秀的数学老师。可是我记得小时候她的语文成绩要比数学好，她朗读很有感情，写字很漂亮，作文也写得精彩。二年级刚转学来的时候，她是不大说话的，比较文静，上课也不爱发表自己的意见，怎么办呢？我就动员同学们多关心新同学，多教教新同学，让她快速融入我们的大家庭。于是，下课了，同学们便拉着她玩，没多久她的胆子就大起来了，融进了班集体，但是上课还是很谨慎的，不敢积极发表自己的看法。上课的时候，同学们在学习，我经常走到她身边，看她的学习情况，帮助她。渐渐地，我发现她的朗读有感情了，我就指名让她朗读，领着大家读，她自然得到了大家的掌声，才舒了一口气，嘴角露出微笑。后来，她的字也写得漂亮起来了，我就经常拿着她的字放在投影仪上投放出来，让同学们猜猜这是谁的字。同学们猜不到，赞扬她的字写得好，于是我才公布答案，表扬她进步特别快，她的自信心就上来了，同学们对她也就刮目相看了。接着她在各方面表现也越来越好，课堂上也能积极发言，综合能力明显提升，同学们就选她当小队长（小组长）。当上小队长后，她的工作非常认真仔细，每天自己要早早地做好作业，把同学们交上来的作业本逐本打开检查一下他们有没有做好。这样一查，个别忘记做作业的同学都逃不过去，只能拿回作业本乖乖完成再交上来，遇到他们不会做的题目，她总会给同学讲解。有了这样的小队长监督着，老师在批改作业的时候就不会看到空白的作业本了。除了收发作业以外，她还检查同学们的背书、背趣味题情况，每周我们班级同学们轮流将一首古诗、两句歇后语、四个成语写在黑板上，检查和监督是小队长的工作，他们也都乐意去做。不管班长还是其他班干部，都要服从小队长的检查和监督。

珂珂大学毕业后，她告诉我她要教数学，让我帮她找个数学老师来指导她，指导老师对她赞不绝口。她进了教师队伍后就立马崭露头角，参加优质课、大比武、教坛新秀评比，获得了很多荣誉。有一次，我组织的活动安排在她学校，她就早早等在大门口迎接我，还默默地帮我做了大量的准备工作——抽签、制作表格、排定比赛时间。当她的同事们得知她是我小学的学生时，都很惊讶，那她怎么教数学呢？于是大家开始纷纷讨论：语文好的老师才能把数学教得这样好，表达会清晰、有感染力，那么，要把语文教好是不是也需要数学很好的老师呢？是的，学科是相通并相助的，数学好的人一般逻辑思维比较好，思路会比较清晰，教语文才会变得简单。后来，一位老师悄悄地和我说，难怪珂珂工作这么拼，原来是你的学生，像你一样拼。不过她请求我叫珂珂不要太拼了，工作可以叫同事们一起做，不要一个人默默地加班到深夜，她看着心疼，而且珂珂的身体已经对她自己发出警告了。我听了也好心疼，过了几天我就打电话给珂珂，让她不要太辛苦，工作可以分解给同事们，一起帮忙做。她却笑呵呵地说，没事的没事的。我从她身上看到了自己，从来不会说"不"，也是这样挺着挺着就倒下了，但是这样的传承是不是需要改变呢？

后来，她学校的校长告诉我，珂珂是学校的教师发展中心主任，她不愿意当学校领导，说只想当好教师。是的，教师的首要工作是和学生在一起，站在教室里。她记忆里的小学生活是那样美好，老师是从心底里对他们好的，哪怕找他们谈话也要变出些零食给他们吃的那种。老师是知晓学生的心理的，也是知道学生的需要的，老师和学生是平等的，孩子们对老师不那么害怕，在老师面前，就像在妈妈面前一样，是有安全感的。我很感谢珂珂记得小时候我对他们的好，她说"现在的我，每每遇到教学中的困境，就都想想我的陈老师，因为她对教育的信念和情怀就像一粒种子，早就深深地埋在我的心里，在我的心里悄悄地发芽、长叶，始终鼓舞着我，成为孩子们喜欢的老师，成为更好的自己"。想不到，现在的珂珂还是像孩提时那样内敛和低调，她这样默默付出，才有了丰厚的回报。

我很庆幸，我是有教育情怀的，我热爱教育事业，我爱学校，我爱学生，我对学生的好竟然扎根在他们的心底了，并且开花，结果。当我的学生成了一位位人民教师以后，他们都是那样敬业、上进，他们也是那样爱教育、爱学生，默默地付出，坚守清贫。我想，这就是教师精神吧。

10

生活小困难　我来帮助你

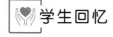学生回忆

一条背带裙的故事

翁海燕

光阴似箭，岁月如梭，在漫长又短暂的人生中，总有些人像大海中的灯塔一样给你方向和勇气，总有些人像天空中的太阳一样给你光明和温暖。

——题记

一次回老家翻衣柜，我看见一条小时候的裙子整整齐齐地放在一

角。尽管它已经有些褪色了，尽管它已经过时了，尽管它还被老鼠咬破了，但我依然选择珍藏——这一条背带裙。

　　一年一度的六一演出在即，学校说我们班人才济济、才艺丰富，要出三个节目。陈老师把这个好消息告诉我们，和大伙儿商讨怎么出节目。同学们纷纷出谋划策，甚至毛遂自荐。陈老师沉思了片刻，说："一力、景波你们几个男生来段霹雳舞；美玲，你来个独舞。""丽玲，你唱首歌，就《让我们荡起双桨》吧。再来几个，在后面伴个舞，合唱一小段。"说着，她马上点起名来："想参加的同学举手，海萍、冯芬、海飞……"我把头埋得低低的，生怕老师叫到我，不是我不想参加，只是我知道我的学费是期中后才付的，还是母亲打零工攒的。"海燕，也算你一个，你平时不是挺爱唱唱跳跳的吗？""我……我……"我涨红了脸，支支吾吾，"哦，好的。"那一刻，我心里别提有多高兴了，似乎早已把母亲脸上的愁云抛到了脑后。

　　此后，我每天都会抽空早早地完成作业，生怕母亲因为我作业未完成、学习退步而拽我回家；我每次都会准时认真地参加排练，生怕老师因为我跑调、动作不协调而把我淘汰。此时的陈老师俨然就是一位专职的音乐老师，细抠每一句歌词、示范每一个动作、踩拍每一个节奏，总是唱了又唱、做了又做、练了又练，为了让我们有个精彩的亮相，为了满足我们心中那份对舞台的渴望。

　　要做演出服装了！同学冯芬的妈妈是裁缝师傅，她来帮我们量尺寸。陈老师跟她商量做一套大翻领泡泡袖短袖白衬衫搭配黑色背带裙，要轻盈飘逸。冯芬妈妈说要达到这样的效果得用新型布料磨砂布来做，但有点小贵，哪怕自己的手工费打个折也得每套 10 元。

大翻领、泡泡袖、背带裙，风一吹，衣领翻动、裙角飞扬，光想想就美。可是，10 元，天哪，母亲得卖多少篮菜？父亲得砍多少担柴？母亲得打多少天零工……母亲翻箱倒柜，掏出一块手绢，用龟裂的手指打开，里面是一卷毛票：2 元、1 元、5 角、2 角、1 角……"上个月，把你姐俩学费补交完，家里就只剩下这点钱了，还有这个月的开销。给，这 5 块钱你拿着！"母亲把钱塞到我手里，"只能拿出这么多了，剩下的慢慢凑。唉，下学期的学费还没着落呢。本打算从每个月的开销中节省点，过年时给你们扯尺布做套衣服……"

我攥着这 5 块钱去上学，来到老师面前："老师，我……我……跳舞还是退出吧。"陈老师一听，马上把我拉到教室外面，蹲下身子，拉着我的手，轻柔地问："燕子，怎么了？"我脸涨得通红，眼泪在眼眶里打转，呢喃着："我……我只有 5 块钱，演出服的钱不够……""哦，是钱的问题呀，这不算什么难题！"陈老师站起身，用手摸摸我的头："老师帮你解决，我刚发了工资哦。"其实我知道就您那几块工资，不是给这个同学买个本子，就是给那个同学买个奖品，还老管几个"留学生"吃饭，还得养小逸……可我还是难为情地点了点头："老师，谢谢您！我妈说下个月补齐！"

就这样，我拥有了一条背带裙，我实现了一个舞台梦，我留存了一段美好回忆。

【涌泉中心校 1986（1）班学生，现临海市回浦实验小学教师】

教育思考

　　海燕对 38 年前的回忆，也许让现在的学生无法相信。是的，我们作为时间的亲历者，也有点不敢相信这几十年日新月异的变化。我们感恩我们国家的强大、富有，才有了现在老百姓的安居乐业、生活幸福。如今的学生可以享受国家免费的义务教育，可以经常穿着新衣服上学去，可以让家长买时尚而漂亮的演出服，在舞台上尽情亮相展示。这就是时代的变化，国家的强大！

　　作为一个班主任，育人的根本是要培养学生的自信，培养学生的综合素质。学生的自信来自哪里？怎么培养？其实很简单，就是多给学生搭建展示的舞台，学生展示了，得到了掌声，自信心就会随之而来。每年的儿童节演出，我的原则是能让全班同学参加的就让全班参加，能多让学生参加的尽量多让他们参加，舞台不是少数人的专利，舞台是大家的大舞台。因此，我们班学生的展示就特别多，我不会因为某个学生的家庭原因和个人原因让他（她）缺席。其实，在学习的过程中，演出也是一种很好的学习。演出可以培养学生的专注力、团队合作能力、音乐感知能力、动作协调能力等。在演出后，我发现学生们一般都会沉浸在喜悦当中。很多学生演出后是不会马上把妆容洗去的，他们还会到处走走，让更多的人看到他们：一是他们觉得化妆了很美，与平时不一样，爱美之心人皆有之嘛；二是他们觉得好像还在舞台上，他们享受着台下观众的掌声。这不就是体现教育的本质——唤醒、激励、鼓舞吗？

海燕同学回忆的事情我真记不得了，这样的事情在我 30 多年的教育生涯中有无数次，我觉得这是一个老师尤其是一个班主任应该做的。想不到的是，我们老师看重的课堂教学，管他们的作业，却不是学生们所看重的。直达学生们心灵的往往是平常的一件小事，一个关爱，一个帮助，一个鼓励啊！我们是不是应该反思，在以学为主、以生为本、以学定教的今天，教师走进学生的心里了吗？教师了解学生的需求吗？学生心事知多少，这是教师尤其是班主任应该首先了解的，只有了解才会走近，只有走近才会亲密。师生关系的亲密是教学的基础，是教育的基础。我曾经听过很多老师常常和学生们说："你们都是为我学习的吗？你们学不学与我无关，是为了你们自己好！"听着这话不无道理，学习是学生的事，学习是靠学生自己学进去的，能力是靠他们自己长出来的。但是，作为老师，要是师生关系非常融洽，学生很喜欢老师，学生看到老师就会学习，学生就是为了老师而学习的，这何尝不是好事呢？作为老师，或者作为家长，我们有义务、有责任鼓励孩子好学、乐学，因为孩子毕竟还小，他们不懂得学习的珍贵，才需要教师的教，教他们爱上学习，这就是教师存在的意义吧。

海燕小时候很懂事，学习也很认真，作业完成得很快，记得她后来学习越来越好，和我的关系也越来越亲密。印象深刻的是我孩子刚出生的第二天，她和几个女同学买了玩具到医院窗外来逗孩子玩。之后他们经常到我寝室来看看孩子、抱抱孩子，孩子大一点就带着孩子一起玩。她喜欢孩子叫她姐姐，毕业的时候一定要让我抱着孩子和她一起合影。现在回忆起来，海燕是很喜欢小朋友的。

海燕读了师范学校，成了一位教师，一位非常认真负责的教师。她曾经当过学校寄宿生班的班主任兼语文老师，她班上的学生成绩很好，综合素质很好，我想这就是传承吧，寄宿生班班主任是需要付出更多的爱，需要给予学生更多的爱的。每当看到她对学生很好，听到她对学生的要求很严格时，我就情不自禁地想起自己对学生的严格，或许师爱也是会"遗传"的，哈哈！我认为严格也是爱，宽严相济才有"精彩极了"和"糟糕透了"，学生才不会迷失方向，始终沿着正确的道路前行。

作为班主任，首先应该学会懂得孩子，懂得孩子们的心思、孩子们的需求。这就需要班主任有一颗童心，随时让自己当当小学生，随时让自己的心回到童年，这样才能换位思考，才能更接近学生的心。这样的老师，学生才会愿意接近你，会乐意把自己的心里话告诉你，你也能更了解学生，师生关系才会更亲密。作为班主任，千万不能把学习成绩当作唯一，千万不能为了学习而限制学生的其他活动。学习和活动、学习和生活总是相辅相成的。让学生做乐意做的事会促进他们更认真地学习，在活动中，他们会学到课本上没有的知识和能力，他们会偶然顿悟学习的方法，某个活动，或许会在无意中激发他们的学习动力。这就是教育的唤醒、激励和鼓舞的强大力量。

海燕保存 30 多年的背带裤多么不容易。这么多年来，她家建房子，她长大、出嫁，尤其在大家习惯处理掉旧衣服，给生活做减法的当今，这条儿时的背带裤、过时的背带裤却因为特殊的原因一直被保存着，可见这条背带裤带给她的影响之大。她的用心，她的重情，让我很惊喜，也很感慨。同时，也给我们教育工作者启示：要给孩子展示的舞台，给他们自信的理由！教育，首先要育人！育心！

看到顽皮学生的闪光点

我的名字出现在板报上

杨宇翔

小学时候的记忆很多已经模糊了。

只记得小时候的我非常闹腾，属于学习成绩不好的捣蛋分子，经常和同学吵架打架，上课经常开小差，和同桌聊天。

对于小学的回忆中最喜欢的还是陈老师，可能是因为当时陈老师在我犯错误的时候总是会耐心地沟通了解实际情况，并针对当时还是个孩子的我的捣蛋心理进行分析，不带有主观偏见，从讲道理、共情及换位思考的角度出发，对我的错误进行纠正。这对于年幼的我来说，能深刻感受到陈老师是真诚地希望学生们能够变得更好的。所以我在每次犯了错误之后都能明白自己错在哪里，并且能改正错误，虽然有些问题可能会反复出现，但还是在向一个更好的方向发展的。

上课的时候陈老师总是鼓励同学们积极发言提问，那个时候经常有公开课，举手的同学，老师会尽量点到他发言，并不会因为学生学习成绩不好就忽略他。她总是鼓励学生，发现学生的闪光点并加以表扬。在学年末还会给有进步的学习落后的同学发奖状，以鼓励他们继续努力，好好学习。

我记得小学时当我表现还不错的时候陈老师让我当过小队长，让我收过作业，因为发现我动手能力强，还让我当过劳技委员。我爱画画，课余时间会去学画画，陈老师看到我画得不错，就让我和几个同学一起出黑板报，同学写字我画画。陈老师还让我们把自己的名字写在黑板报上。我看到自己的名字出现在黑板报上，特别自豪，上课时不再和同学小声聊天了，认真地学习，学习成绩也进步很大。

这些都是小时候感受到自己得到认可的温暖的记忆片段。

【临海小学 2001（6）班学生，现就职于中国美术学院风景建筑设计研究总院有限公司】

教育思考

看到小宇翔写的回忆（因为上一届有个蔡宇翔，我就叫他小宇翔），我的眼前就浮现出他小时候的样子：高高瘦瘦的，白净的脸，看起来很文静，妥妥的一个小帅哥形象。可是下课的时候，他会经常和同学们玩得有些过分，摔跤、踢足球等，摔跤下手重了点，足球踢到身上了，也就是他自己说的和同学吵架打架之类的事。于是，不是他哭了，就是同学哭了。上课前，我偶尔会为他和同学之间发生的事做调解，让同学们发表意见该怎么办，直到他们破涕为笑了才开始上课。我经常说，语文课都变成班队课了，浪费了同学们这么多时间，大家上课要加倍认真，把时间补回来。

上课时，他思维活跃，积极举手，抢着发言，但不是每次举手都有机会发言。有时候他举手想发言，我却没有给他机会，他总是很失望，失望过后就和同桌小声说话。我和同学们说，倾听的能力很重要，课堂上我们要积极发表自己的学习感悟和观点，也要学会倾听同学的发言，换位思考，你在发言的时候，也希望别的同学在认真听你的话的。但是宇翔在家里是被这个家族宠爱的男孩，他的表现欲有点强，特别想得到老师和同学们的认可和表扬。久而久之，他上课没有发言机会的时候就会和同桌说些无关学习的话题。看到他在课堂上的表现，我和全班同学说，你们有个师哥叫蔡宇翔，他刚刚毕业，学习非常认真，字写得好，两个宇翔都很棒。私下里，我找杨宇翔谈过几次话，但他上课的表现还是改变很少。我想，小学 6 年一届，这届学生都是 1990 年后出生的，已经和上一届学生的性格不一样了。于是，针对这样的问题，我就开始改变自己的教学方法。一年级小朋友想发言，这是很好的现象，怎么给他们创造表达的机会，这是教师要思考的。

从那时开始，我便改变了自己的教学方法，课堂上完全以学生为主，开展同桌结对子学习和小组合作学习的方式，小组讨论的机会多了，课堂上展示的机会就多了，学生的表现欲得到了满足，他们就没有机会去做与学习无关的事情了。开始合作学习的时候，有的学生还会浑水摸鱼，随便讲话，没有秩序，后来，我要求每个学生都参与汇报学习成果，小组成员间互相打分评价。逐渐地，大家能安静地合作学习了，都希望能为小组学习贡献自己的力量。其间，宇翔能专心学习了，他的发言机会也多起来了，有时候能发表一些有创意的见解，得到同学们的好评。

后来，他的画画天赋得到了凸显，美术课上经常得到老师和同学们的表扬。周末，他妈妈便送他去学画画，让他在画画上有所发展。好几次，他的绘画作品在各级比赛中获奖。我便让他加入了班级黑板报的刊出团队。他很自豪，而且画画也很用心，经常等同学们黑板报上的文字写好了，他才开始画插图，有时候天黑了，他妈妈到教室里来等着他画画结束才接他回家。第二天，他时时看着黑板报上他的名字，就会露出正在换牙的缺牙牙床笑，惹得同学们也哈哈大笑。

　　有时候，我故意不带红笔到教室里去，要改作业了，我说，谁有红笔借我一下啊？宇翔总是很快地从教室后排的座位上飞奔到讲台桌前，把红笔塞到我手中，当然同时会有好多个同学把红笔借给我。我一边说着"谢谢！谢谢！"表扬他们的大度，一边拿着他们的红笔开始批改作业。同学们都特别认真地做作业，等着我当面批改，我就毫不吝啬地给他们打高分，画红星，写上鼓励的语言。同学们的学习积极性普遍高涨。

　　他们读完三年级，我工作调动了，离开了他们，他们很失望，经常盼望我能回学校给他们上课。我回去上过几次课，孩子们看我要离开他们就集体哭了，宇翔还哭着跑到讲台桌前拉着我的衣服不让我走。我抱住他，告诉孩子们，你们现在的老师很优秀，你们一定要跟着老师好好学习。孩子们就问我什么时候回来上课，我说你们表现好了就回来。此后真的回来给他们上过几节课，但是每次分别的时候，他们都集体哭鼻子。我想着，这样下去的话，会不会影响他们的学习呢？会不会影响他们和现在任教老师的感情呢？于是，从这以后我再也没有去教室里给他们上课。很多同学问我：为什么后来不来上课了？在我的教育生涯中，我从来是说到做到，但是这件事情，为了让他们安心地学习，我没有做到。这也导致有学生说，我欠了他们一节课。是的，我对不起这班学生，没有自始至终地把他们带到小学毕业，但是我一直关注着他们，很欣慰地看到他们发展得很好，我就宽心了。

　　此后，我就再没有遇见过宇翔，但是经常从他爸爸妈妈的口里得知他的学习工作情况。每次遇见他爸爸，不管在什么场合，他爸爸总是对我很尊重，说我是他孩子的老师，说一些感谢的话，还说宇翔经常念叨我。我想，教师应该对每个学生负责，爱每个学生，看到学生的闪光点，发挥他们的特长，几十年以后，再遇他们，还能得到家长和学生们的认同，这就是做教师的价值和幸福。

12

让学生在笑声中成长

学生回忆

美丽的老师

朱　明

　　回想童年的往事，思绪仿佛穿过层层迷雾，在时空中穿梭，我慢慢捡拾起一段一段回忆的影像。

　　那是小学二年级的时候，我是一个转校生，之前在玉岘小学上的一年级，后转入涌泉中心校二（3）班。小的时候，我是一个怕生的孩子，没来中心校之前，我爸告诉我要转学，我对此比较忐忑和紧

张，怕无法融入新的环境，怕孤独。这种担心一直持续到转学后开学的前一天，直到开学那天……

还记得当时我们二（3）班的教室就在进校门右边那幢楼，开学那天，从校门口到教室仅四五十米的路我却走了好久好久。刚到教室门口，就看见一位留着长发的年轻女老师站在讲台上，二十几岁，身材高挑，侧脸很美，这大概就是班主任了，后来才知道是陈老师。我一时愣住了，这个美丽的老师与我之前想象的老师完全不同。陈老师应该是发现了我，走过来大概问了我是否是转学的学生，然后把我迎进了教室并安排了座位。我当时心情很愉悦，之前累积的忐忑压抑心情一扫而空，有种如沐春风的感觉。经过短暂的相处，我发现陈老师讲话声音很好听，给人一种自然、亲近的感觉，普通话也很标准，我相信我很快就会融入新环境的，后来也确实如此。

经过一段时间的相处，我发现陈老师同大多数老师不一样。她的课堂上总是有欢声笑语，富有活力，不是死气沉沉的；她的课堂在传授知识的同时，也在讲授人生；她的课结束后留的作业不多，始终能给我们充分的时间玩耍。她还经常鼓励我们课间去操场玩，多运动，有的时候她更像是我们的朋友。唯独有一点对我们严格要求，就是对语文课文的熟读背诵，有的时候抽着背，有的时候轮着背，有的时候小组对背，不会背的同学留课直到会背为止。我由于贪玩也被罚过几次。当时我不理解，直到后来我才懂得熟读背诵的重要性，正所谓"书读百遍，其义自见""熟读唐诗三百首，不会作诗也会吟"。

【涌泉中心校 1992（3）班学生，现为律师】

◎ 教育思考

　　朱明很多次和我说过，也和别人说过，陈老师年轻的时候很美。有时候他还会和别人炫耀：你们都没有见过年轻时候的陈老师吧。我有时候会反问：那我现在不美了吗？于是他就哈哈大笑。我和朱明小学只相处了两年，因为他爸爸是我在涌泉的同事，所以我们一直很熟悉。他毕业后有一次来找我，你猜是因为什么事呢？原因很出人意料。他妻子是老师，当他妻子很兴奋地说我好的时候，他轻描淡写地说了一句，陈老师是我的老师呢。他妻子不相信，陈老师怎么会是你的老师呢？他说是小学老师，他是涌泉人，陈老师原来在涌泉教书。他妻子还是不相信，以为是他编的，借陈老师来压她。于是两个人打赌，找我来验证。结果，当然是朱明赢了！

　　朱明现在是律师，小时候很聪明，比较内向又顽皮，现在话也不多，很实在。读着朱明的文章，文字虽少，但信息量很大，引起我的反思。一是关于美。教师应该是学生方方面面的榜样，教师的美不仅仅在于内在，还在于外表。教师首先给人的感觉是外表美，让学生一看就喜欢你，这包括服饰美、发型美。假如有可能的话，教师每周一到周五的服装可以是不同的，不同的颜色，最好还是不同的款式，能给学生新鲜感。根据儿童心理学原理，学生会对新奇的、有趣的事物感兴趣，教师可以从服装上就开始给学生新奇感。当然，教师的着装要在端庄的前提下，不能穿奇装异服。教师的发型也要先讲究整洁，再讲究时尚。我给自己和学生的规定是，刘海不能盖住眼睛，男同学两边的头发不能盖住耳朵，这样看起来才有精气神。我会经常表扬哪个同学的衣服好看，发型好看，我也会表扬哪个同学的衣服很整洁，发型很干净。于是大家就乐呵呵的，心里高兴就好。要是看到哪个同学的头发长了，我就提醒他可以剪头发了，要是女同学的头发长了，我就帮她扎个小辫子，清清爽爽的。这时候我就成了他们的邻家大姐姐，他们和我亲密起来。要让他们知道，教师可以不只讲学习的，也可以讲讲学习之外的事，教师也是普通人。

二是关于转学。转学到我班里的人不少，谢锦波同学也写到了当时转学的感觉，朱明也写到了，说明转学的时候印象深刻，尽管他们当时只是二年级的学生。他们两个的父亲都是教师，他们对于学校和老师按理说不会太陌生，但在他们的转学过程中，都写到了转学时心情的忐忑不安，对于新老师的陌生和期待。幸好，我对于转学来的同学是表示欢迎的，也给予了他们特别的照顾，让他们很快能融入班级，不会有陌生感，他们一下子就喜欢上了我这个老师。因此，在学生一个阶段的学习过程中，能不转学的就尽量不要转学，因为孩子刚熟悉了学校，熟悉了老师，熟悉了同学，转到一个新的学校又要从头再来。每个老师有每个老师的教育理念和教育方法，学生已经适应了这种教育方法，换一个老师等于换个教育理念和方法，除非确定新的老师的教育理念更好，更适合你的孩子。对于新转学来的学生，不管他学习好与不好，作为老师，尤其是班主任，一定要热情地迎接他，微笑着说话，让学生感受到老师的和蔼可亲，同时也要引导学生们一起欢迎他。这时候的他是那么胆怯，那么孤单，老师应该成为他的保护神，让他安心地进入新的班级学习。

三是关于欢声笑语。我是一个爱笑的人，笑点很低，有时候咯咯大笑，笑得前俯后仰，没有女生的矜持。在课堂上，我始终做到微笑着讲课，听到学生有趣的发言、离谱的发言就会笑出声来，学生也会跟着大笑。有时候也会幽默一下，给学生的学习增添一点乐趣。于是，在我的课堂上，学生很放松，想发言就站起来说，连举手也免了，讲错了也没关系，无非是引得大家哈哈一笑，这种笑不是嘲笑，而是友善的笑。我布置的作业不多，有时候让他们选择作业，有时候让他们自留作业。我只要求他们该掌握的知识要掌握，写不写都可以，我来检测能通过就好。课外，我会和他们一起做游戏，我也用孩子的语言来表达，做游戏我经常不让他们的，让他们知道老师也会玩，玩得还比他们好。我会把我小时候玩的游戏教给他们，踢毽子，就和他们一起做毽子；造房子，就和他们一起蹲在地上画房子，我的脚大，往往会踩出界线，我就输了，他们就特别高兴，鼓起掌来，朝我扮鬼脸，我也朝他们扮鬼脸……

四是关于严格。课堂上，学习上，习惯上，我对于学生的要求是非常严格的。因为我说过，严师出高徒，只有严格了，要求高了，你没有做到百分之百也会很好。要求背诵的课文和段落，我是要求人人背诵的，大部分同学在课堂上会背诵了，同学们背给组长听，我来抽检，只有几个没有预习的"懒汉"才会留下来背给我听。我说，要是你想背给我听，就到我身边来背，我可以一边批改作业，一边听，因为课文我会背，只要听到同学背漏了一个字，我就会补充出来，他们就更佩服我了，更不敢偷懒了。我经常说反话给不会背诵的同学听，哦，你们是想背给我听啊，好吧，到我寝室门口来背，我要一边做饭一边听，或者你们背得晚一点，可以在我寝室和我一起吃饭。还真的有几个小子记不住，背不好，我就留着他们一起吃饭，然后饭后背好了再送他们回家。于是，第二天他们会和同学炫耀说自己赚了，和陈老师一起吃饭，陈老师还送他们回家。于是，我就调侃大家，今天下午谁没有背书的，没饭吃，哈哈哈，大家又笑作一团。课堂上，我要求同学们专心学习，我说学习是靠课堂上学好的，不是靠课后补课补的。他们都会背这些成语：一心一意、专心致志、聚精会神……我对行为习惯的严格也是出名的，比如传本子，我要求他们传本子的时候不要走动，不能发出声音，后桌把本子传到前桌的手上，前桌的手反放在自己的肩膀上，等前桌双手接住了本子，后桌同学才放手，这样有序地传本子也成了我们班级的特色。我想这样传本子，不仅培养了他们传本子的能力，也培养了他们有序的习惯，更养成了他们负责任的态度。

总之，朱明的回忆里有几个关键词给了我很大的鼓励，作为老师，要永葆童心，永远微笑，热情待人，宽严结合，给学生自由，给学生安全感，学生会记得那些欢声笑语，那些美好的过去。

心灵的守护者

对于学生，你有没有真正做到公平公正？

对于学生，你有没有真正做到亲密无间？

对于学生，你有没有给予他们安全感呢？

你有没有到过学生家里家访呢？

你有没有请学生到你家里玩，一起吃过饭呢？

你有没有管了学生一些可以不管的闲事呢？

课堂之外，家长有没有经常打扰到你呢？

课堂之外，学生有没有经常和你说悄悄话呢？

课堂之外，你有没有宽容对待学生和家长呢？

一位优秀的教师，应该和学生的关系非常亲密，亲密得就像一家人。教师和家长应该是好朋友，在孩子的教育上形成合力。课堂之外，其实胜过课堂；课堂之外，其实是为了更好的课堂；课堂之外，其实就是一个更大更好的课堂！教育强调了育人，教育的目标是培根铸魂，启智增慧，立德树人。教师要以一颗童心来理解学生，要站在学生的角度去思考问题，应该成为学生的依靠，给予学生安全感，要关注学生的全面发展、身心健康，真正成为学生心灵的守护者。

1

言传身教是最好的教育

学生回忆

"贫瘠"而快乐

胡俊逸

写陈老师，我的情感就没有那么单一了。

回过头看小学时期，大部分记忆都比较模糊了。但每每审视当下的自己，又常觉得自己的学习方式和习惯、待人处世之道、对人事的辨别甚至性格，都形成于那个时期。恰恰就是在不懂事的年纪，"成为怎样的人"这个基础就被默默打下了。而这，在我看来，远远比获

得了什么知识更重要。

先说学习。陈老师在学习方面对我最大的影响，或者说我印象最深刻的有两点：一是该学学、该玩玩，课堂时间要珍惜，课外时间不必卷（当然在那个年代，"卷"还没有被赋予当下的定义）。我确实在之后的学习经历里也感受到，课堂上如果认真听讲了，对于知识的掌握和应对考试来说，是足够的。二是时间分配，已经掌握的知识点不必再浪费时间，应该在薄弱的知识点上多下功夫。陈老师在这个方面，我认为是少有的先进者。我的语文成绩一直比其他科目的好，这个现象延续到了高中。人往往会喜欢花时间在擅长的事情上，所谓待在舒适区里，而不愿去挑战容易失败的事。那会儿只是单纯地觉得"哦，原来还可以这样"，而在成长过程中，尤其是大学阶段和工作以后，也就是更加靠个人能力和学习能力证明自己的阶段，才觉得这是多么难得又正确的教育方式。幸运的是，我一路碰到的老师对于我这个"个案"，都秉持了同样的教育理念，以至于我想当然地认为，老师都是这样的。陈老师是我的小学班主任，教语文，她同意我优先做数学作业，花时间学数学，语文可以往后放放，结果导向的概念也是在那时候形成的：只要语文成绩没问题，就代表这样的方式是可行的。这里也要感谢我的初中与高中班主任，两位英语老师，以及高中语文老师，感谢他们愿意宽容看待学生对其所教科目的重视度和所花的时间（当然我的这两科成绩一直还可以），让我自主学习。

再说生活。对于在北京生活了近 20 年且找到了归属感、非常适应高频次往返于不同地区出差的我来说，我时时感恩小学的生活。总结来说，"贫瘠"而快乐。之所以说"贫瘠"，是因为我们这届应该是本市试点的寄宿生班，学习和生活都在小小的校园里。相比于走读的学生来说，我们的娱乐内容、家庭关怀的部分就相对少一些。而我们的快乐，却是大大的。这得益于两个方面：一来，是这种"贫瘠"恰恰带给我们亲人感，同学之间日夜的相处是其他学生得不到的。也正是因为这种亲人感，所以时隔 20 多年，大家见面、聚会时还是如此亲切；哪怕小时候打过架、拌过嘴的同学，现在也会称兄道弟、遇事则会鼎力相助；在现在相敬如宾的大环境里，小学同学还是可以毫无顾忌地开玩笑的。二来，是陈老师对大家的关心。寄宿生班的班主任，身份也不如其他老师那么单一，不是上完课就完事儿了，他们的工作并不是这么简单的。只做老师，也是万万不可的，家长的身份同样是摆脱不掉的。比较自信地说，我们班任何一个同学，对于陈老师的情感，多多少少会有把她当作母亲的成分在。我那会儿常常觉得，好像陈老师对其他同学的关爱，多过于我，而我又完全不觉得不快。后来我想想，我们班的"刺儿头"和"留守儿童"（其实家境大多不错，但父母为了工作照顾不到孩子才将孩子送来寄宿）都不少，获得大家的信任其实对老师来说是非常重要的，而获得尊重和爱戴更是可遇而不可求的。而妙的是，我觉得陈老师似乎把获得信任、尊重和爱戴都排在了后面，她就是单纯的有责任感，发自内心地想对我们好，仅此而已。

这就要说到人格建立了。有责任感这一点，对于独立人格、人格魅力的形成来说，简直太重要了。印象当中，陈老师从来没有特别讲过，但最好的教育就是言传身教、耳濡目染，不是吗？为学生呕心沥血累到晕倒送医的故事听起来很烂俗，但又那么真实地发生过。我运气很好，在很年轻、资历浅的时候就成为一家小有名气企业的高管，我觉得帮助我挑战这个岗位的，不单是能力，更多的是责任心。责任感重的人，会过得比较累，但也会活得更坦然。再来就是原则性和包容。上面说到我们同学里不乏难以管教的孩子，但如何辨是非、如何不突破原则这条线从小就被划得清清楚楚；但在此之上又允许大家都有很大的自我调节和选择的空间，尽可能保留了完整且独立的人格，我觉得陈老师功不可没。最典型的例子就是，我们班的那些"刺儿头"，到了今天，即便做了家长都依然保留着小时候的性格特点。喜欢说笑的依然说笑，喜欢怼人的依然还会不遗余力地怼，性格炸裂的依然炸裂，可大家似乎都紧紧守着原则、守着底线，在社会各界从事不同的工作也都小有成就或受人尊重。我不是说陈老师有多伟大，但她确实在那个小小城市的小小岗位上，守护着小小的我们，很自然地就让我们学会了一些为人之道。毕竟成就没有高低，而 30 年后，看到一个个学生鲜活健康地长大，这应该是让任何教育工作者都会心一笑的事情吧。最后，我有时挺惊讶的，一个小城市的老师，会教大家情感表达。在 20 世纪 90 年代，有"崇洋媚外"的现象，而我们的同胞们同时又拼命奋斗建设强国的时候，陈老师似乎比较前沿和开放地教会我们，少点顾忌，无论哪种情感，都可以表达出来。

对了，陈老师，也是我的亲生母亲。我非常爱她，也非常爱我的小伙伴们。

【临海小学 1995（2）班学生，现任华谊兄弟传媒股份有限公司董事、副总裁】

🐑 **教育思考**

收到这篇回忆文章的时候，我特别惊讶也特别感动，孩子告诉我他是在飞机上完成的，飞机延误了 5 小时。读完文章我泪流满面，看起来很理性的文字后面却是满满的情感，孩子懂我！其实，让孩子写回忆文章，我内心是很矛盾的，一是希望能收到他的回忆文章，看看自己孩子自己教有什么利弊，看看我到底留给孩子什么印象；二是他工作太忙了，我没有帮到他，还尽给他添麻烦，很过意不去；三是他叫我该慢下来了，好好享受生活，而我还在折腾着写书。当然，加上他这篇文章，我的学生的范围也构成了一个完美的圈子，各个不同职业、不同身份的学生代表都有了。

对于孩子我很愧疚。在我心中，我是无愧于工作，无愧于朋友，无愧于学生家长的，但是唯一让我有愧的就是自己的孩子。当年，我在农村工作，常年住校，学校离幼儿园比较远，需要家长接送，可是我每周有 3 天早读课，这 3 天全仰仗同样住校的幼儿园的卢菊梅老师上班时把孩子带过去上学，有时候卢老师值周值日上班早，那孩子就没办法上学了。于是，他就在小学校园里游荡，这个教室外面看看，那个教室外面听听，有时候跟着音乐课不知不觉地学会了一首歌，音乐老师经常看着他优哉游哉唱歌的样子还夸他聪明。后来，看他经常不到幼儿园上学，我们就干脆不让他上幼儿园了，5岁就让他坐在一年级教室里跟读了。虽然我们不送他上幼儿园的做法受到不少老教师的批评，但是这样做才能给孩子归属感。

我到临海小学工作后，担任寄宿生班的班主任，非常忙，孩子就跟着我的班级学习，那时他6周岁不到。虽然他在我的班里学习，但和别的学生一样，都喊我陈老师，也不能随便进我的办公室。记得他读三年级的时候，有一天中午，他很气愤地跑到我的办公室，一本正经地质问我："陈老师，我问你，我是不是真的是从麦田里捡来的？"一听这话，我想笑，可是笑不出来了，我觉得应该正面回答他，不能再这样开玩笑了。我告诉他，平时是开玩笑的，哪有捡来的孩子啊？你看办公室的阿姨怀孕了，孩子都是妈妈生出来的。他却说："亲生的，那你为什么对同学好，对我不好呢？宿舍阿姨都说我是捡来的。"哦，原来是这样。我拥抱着他，对他说："你确确实实是我生的，因为我是班主任，同学的爸爸妈妈出于对学校和对妈妈的信任，才让孩子在学校寄宿，我要当好他们的代理妈妈。你是随时可以找到妈妈的，比如现在，他们不行，对吗？妈妈是爱你的，阿姨和你开玩笑呢。"是的，前一天晚上，一个同学没有完成作业，我就说作业不完成不让他睡觉，其实我是让学生睡在我寝室里了。我却让我的孩子去集体宿舍睡觉了。这样的事情发生过很多次，有时候学生哭着闹着不肯睡觉，我就抱着他回寝室来睡，孩子自然又要到集体宿舍去了。有几次，孩子在寝室睡着了，我到集体宿舍去管理他们，回来发现门关着，我没有带钥匙，孩子已经和衣睡着了，电风扇却在不停地转。我一边用力地敲门，一边流眼泪，想着这些其实不是我的工作，我可以在夜自修结束后和孩子一起在寝室休息的。连续的熬夜让我几次晕倒，同事们很害怕，连忙拉着孩子来到我面前安慰我。我心里很愧疚，我亏欠孩子太多了。

孩子在妈妈班级学习，情况到底怎么样呢？当年，浙江省特级教师、享受国务院政府特殊津贴的王金兰老师对我说，别的孩子都挤到你班级里学习，你自己的孩子还不自己教吗？我想，对哦，新办的学校，大家都看着呢，况且我担任寄宿生班班主任，可以说是 24 小时无休，再也没有多余精力来关注他的学习了。于是，我的孩子也就成了我的学生。现在回头来看，自己的孩子在自己班里学习，以我的经验来看，有利有弊。首先对他表扬得少。孩子本来比较优秀，可是怕同学家长说我偏爱他，就很少表扬他，表扬同学比较多。假如他和同学一起做错了，我首先批评的却是他。其次我帮助他也比较少，他很独立。印象深刻的是那次大队委竞选，他提早就很认真地和我说："陈老师，竞选的时候请你不要到会场去，同学们还以为我是靠你的。"我心里一惊，他是否有很多委屈？我故作轻松地说："好，我一定不去。你完全可以！"结果，他连竞选演讲的稿子也没有给我看，竞选那天碰巧我还出差了。这次他竞选上了，或许给了他证明自己的机会。不过作为老师，让孩子在自己的班里学习，是需要一定勇气的。老师一定要公平公正地对待每个学生，要对每个学生好，否则师生之间的矛盾会引起同学和自己孩子之间的矛盾。老师对待自己的孩子也要像对待其他学生一样，不要对他有过高的期望值，要以平常心来看待，给孩子自由的成长空间。孩子在自己班里学习的唯一好处，我认为是可以及时、全面、真实地了解孩子，了解他的学习情况和生活情况，可以根据实际情况让他少做一些作业。当然，在我的班里，其他同学也可以这样自主地选择作业的。我觉得这是我做得正确的地方之一。

像爱自己孩子一样爱学生，说起来容易做起来难，但要当一个好老师必须这样做。在这个"贫瘠"而快乐的校园里学习生活，寄宿生们可以随时找到我，我基本上和他们是形影不离的，我是他们的学伴和玩伴。因此，我往往会站在儿童的立场来看问题，会以欣赏的眼光来看他们的所作所为。班队课的活动是开学初由班委和主持人确定的，再加一些常规的教育，所以他们有大量的时间可以交流，这也成为小逸记忆中自由地表达、自由地辩论。有时候他们唇枪舌剑，争辩得面红耳赤，我就在旁边笑笑，提醒他们要找依据来辩驳。在我这个语文老师看来，班队课不仅是思想教育课，也是口语交际课，还是思维发展课。不服气的同学有时候在课余时间还会继续辩论，自由快乐的氛围越来越浓，这种教是为了不教的例子也是我满意的地方。

尊重学生，尊重孩子，我一直在努力着。从小我就把孩子当作大人来看，把一年级学生当作大人来看，有事情会坦诚地如实相告，和他们讲道理，讲自己的感受，就像刘海秋同学回忆中写的"流泪的班队课"，你要相信，孩子们会懂的，有时候他们的创造力比大人还要好。在这些忙碌的日子里，我会把自己这样拼命工作的原因告诉孩子：我喜欢当老师，珍惜这份工作，就要把这份工作做好，做得尽善尽美。想不到这份责任感遗传给了孩子，虽说对他走向成功有些许帮助，但是他的辛苦付出是比我要多好多倍的。作为母亲，我始终记得这句话：当别人关心你飞得高不高的时候，你是否关心他飞得累不累？知足常乐，是我对自己常说的话，也是对学生们说的话，更是对自己孩子说的话，我们要学会尊重，学会满足。

借用小逸文章的题目，当教师是"贫瘠"而快乐的，教师是清贫的，但精神世界是富有而快乐的，这就值了。孩子给了我工作上极大的支持、生活上极大的关心和照顾，也许他觉得妈妈正在老去，给予了我更多的爱。是的，老很正常，但心态年轻，何况还有这么多的学生爱我。我很知足，很快乐！我爱你，爱同学们，一如既往地爱！

2

爱孩子一样爱学生

我爱我家

许金俊

　　1994年，我还在当时的开元小学就读，可是出于种种原因，选择了转学。缘分之下，1995年临海小学开学，我就成了临海小学最早的一批学生之一。

　　从一年级开始，我就是寄宿生了。所以到了临海小学，自然也是寄宿生。陌生的环境，陌生的老师，对于性格内向的我来说，不容易适应。我从入学开始就成了老师们心头的小麻烦。

刚开学那会，因为想家，我经常会在半夜或者临睡的时候，哭闹着要回去。陈佩莉老师就住在学校寝室。每次都是陈老师从寝室过来，安抚我，陪着我，直到我睡着以后她才回去。多年后的我才知道，其实那一阵子，陈老师都是临时放下手头的教案，赶到学生宿舍的。尽管路途不远，可是晚上这样频繁地处理孩子们的情绪，工作量是极大的增加。而我，只是一群孩子里的一个。记得当时没过多久，陈老师就主动申请入住学生宿舍区。就住在我们宿舍的同一层的另一头过道。也是从那时起，每天晚上我们的宿舍区从原来充满啜泣声、哭泣声慢慢地变成了一种极度默契的平静。因为我们知道，我们的"大妈妈"就在身边，她会陪着我们。而我成了一个最磨人的孩子，经常执拗着要回家，哭闹着不睡。陈老师为了让大家都能休息好，就抱着我去了她的寝室，陪着我玩，陪着我看书、说话，直到我睡着。

每天早上，陈老师都会比我们更早地起床洗漱做准备，即便她前一晚备课到很晚，也要坚持陪着我们晨练。这样经常高强度又不规律的生活作息，给她埋下了病根。某天早上，陈老师还是一样叫醒大家一起去晨练，只有我躺着一动不动。起初，陈老师还以为我又在要小性子，也用平时逗我的方式想把我叫起来。可是当她几次叫醒我都失败的时候，便意识到我不是故意的。按照她对我的了解，我已经不会这么调皮了。后来听老师们回忆，当时陈老师急得又是按人中又是喊人打急救电话，还要通知我的家长。当时的我只有很模糊的意识，无法睁眼。每次老师按人中的时候，我都觉得疼，但是直流眼泪就是不睁眼，可把老师们吓坏了。那时候，私家车并没有普及，陈老师抱着我坐上三轮车就往医院赶。最终，经过医生的治疗，我才苏醒了过来。可是当时就连医生也不知道这是什么原因，因为各项身体检查都是正常的。陈老师一直守在我身边，直到我苏醒后和医生确认了我已经没事，她才拖着疲惫的身躯离开。上完课以后，又赶回来确认我是不是真的没事。

我们班有 52 个学生，陈老师把每一个孩子都当作自己的孩子来照顾，甚至会因为照顾我们而疏于照顾她自己的孩子。她经常会为了我们的事情而忙到废寝忘食，我相信，没有一个孩子的家长，会像陈老师一样了解我们的小学生活。

四年级还是五年级的时候，陈老师因多年来的辛苦，最终把自己给累倒了。她的声带受损严重，已经不能开口说话了，必须立即进行手术。幸运的是，手术很成功，陈老师在疗养后重新回到了她所奉献的讲台，我们也重新听到了每天翘首以盼的声音。即便是这么多年过去了，我们的同学会的起点永远是临海小学的六（2）班的教室，同学会的高潮也永远是陈老师站上讲台点名后的谆谆教诲。

在我们心中，陈老师总是坚强的。然而，同样的，再坚强的人也有软弱的一面。她坚强是因为她肩上的担子是我们 52 个成长中的孩子，她软弱也是因为我们 52 个最活泼可爱的孩子。毕业汇报演出那一次，是我们印象中仅有的见到陈老师哭，而且是哭得最稀里哗啦的一次。她紧紧地抱着我们，一句话也说不出来。这份不舍，不仅仅是她对我们的不舍，也是我们对这几年的同窗生活的不舍。这么多年过去了，还没有听说过哪些小学同学会至少到场八成学生的，还没有听说过哪些小学同学这么多年依然如同当年那样嬉皮笑脸，也没有听说过哪些小学同学依然敬老师如母亲。

某年的教师节，我们都已经成年了，坐在陈老师家述说着往事的种种。陈老师家里的每一个角落，依然保留着当年我们班大大小小的奖状、奖品等纪念品。随便翻出来一个物件，都是充满着回忆的。

这么多年过去了，当年班级的"班语"依然深刻地印在我们每一个人的心头——我爱我家。那个我们曾经朝夕相处的家，那个充满欢声笑语和喜怒哀乐的家，那个再也回不去的家。

依然怀念着。

【临海小学 1995（2）班学生，现自主创业】

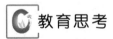

教育思考

临海小学是临海市区东移后建的一所小学，是以临海这座城市命名的学校。我有幸成了临海小学建校以来的第一批老师之一。当时正是改革开放不久，学校怎么服务于社会，学校怎么立身于社会，成为领导们思考的重点。也就是在这种大环境下，临海小学开了公办学校办小学生寄宿的先河，一个年级设有一个寄宿生班，我被选为寄宿生班的班主任。

我们班学生共有 52 人，这些孩子大多数是"留守儿童"，爸爸妈妈要么外出做生意，要么在外地工作，还有一些是爸爸妈妈工作忙而无暇照顾的，更有一部分是调皮捣蛋不爱学习而从别的学校转学过来的。这些学生参差不齐，有的任性调皮，有的经常不好好吃饭，有的经常不好好睡觉，有的经常哭闹，有的更是偷偷趁着通校生放学的时候跑出校门。因为不好管理，我们班的学生被老师们戏称为"梁山好汉"，他们也就成了学校里的"名人"。作为班主任，我白天的很多时间用于陪伴他们、管理他们，备课基本是在寒暑假期间完成的，批改作业是在夜深人静的时候做的，一天下来真是精疲力尽。

我想，家长把这么小的孩子放到学校里寄宿，两个星期接回家一次，除了迫于生活和工作外，更多的还是出于对学校的信任、对老师的信任。我作为寄宿生班班主任，其实承担了学生家长的责任。因此，我就把这个班级当成一个家，我自然成了这个家的家长。在教室门口进来的墙壁上，贴着一个用粉红色铅塑纸做成的大爱心，爱心上贴着全班同学的单人照，这可以让学生感知到这是一个大家庭。我告诉学生们，从进入这个班级开始，我们就是一家人了，不管你家富有还是贫穷，不管你家长是做什么的，大家都是平等的，同学就是兄弟姐妹，大家要互相帮助、共同进步，有什么事情就告诉我这个"家长"。因此，公平公正就成了我们班不用约定的约定，老师、同学说话做事直截了当，相处简单。当然，我这个"家长"担子很重，不但要帮助他们的学习，还要关心他们的生活，因此我经常住在学生宿舍：午休的时候住在男生宿舍，陪着他们一起安静地度过中午时间；晚上的时候住在女生宿舍。一边督促他们好好睡觉，一边体验着学生宿舍的生活，发现问题就及时向宿管老师和学校领导提出建议。这样的陪伴，自然能了解每一个学生，哪个学生病了，哪个学生摔了，哪个学生衣服不够了，哪个学生的鞋臭了要洗，我都了如指掌。一起陪着他们上医院是经常发生的事，于是被医生误认为是家长也是常事，后来和医生熟悉了，他们也就给我们特别的照顾。想不到金俊同学的记忆里还藏着这样的事，其实在当时非常平常。不过记得有个学生曾在私下里说希望自己生病，这样陈老师就可以抱着他，请他吃好吃的。我听到同学汇报这件事情后，想到他们远离父母，缺少父母之爱，我更应该给他们多一点关爱，于是我经常去抱抱他们，早读课摸摸他们的头、拉拉他们的手、挽挽他们的肩，以弥补他们缺失的父母的爱。此后，我们约定，只要有人过生日，都可以把蛋糕零食带到教室里来，大家一起庆祝；只要是六一儿童节，就可以到我家来，我买好吃的给大家吃。我们也做到了，集体过生日也成了我们班级的一大特色。

金俊同学是很重感情的人，他爸爸妈妈可以说是老来得子，特别宠爱他，又担心太宠爱了会宠坏他，才下决心把他放到学校里寄宿。他家就在城关，但是他父母也遵守着学校两周回家一次的规定。这导致了他老是想着怎么跑回家去。有一次放学，他成功地插在其他班级放学的队伍里出了校门。等晚餐的时候，我找不到他，学校各个角落都找不到，才想起他是不是跑回家了。于是我联系了他的家长，我们老师分几路沿着可能的路线寻找，终于在路上把他找回来了。经过这件事情，我和他约定：以后想家了，不能独自回家，要么叫你爸爸妈妈来学校里看你，要么我睡在你旁边。他答应了，他父母也批评他私自出校园，对我的提议连声赞成。因此，他也成了睡在我旁边最多次的一个孩子。

金俊同学也是很懂得感恩的一个孩子。他曾经在法国留学，出国的时候没有告诉我。有一年除夕，我正在看春节联欢晚会，当零点的钟声敲响的时候，一个"0"字开头、不是国内的电话响起，我以为是哪里来的骚扰电话，就按掉了没有接。这个电话接着又响起了，我想除夕应该不会有人骚扰的，到底是什么电话呢？当我接通电话时，听到的是：陈老师，祝您新年快乐！惊讶之余，我听到他告诉我他的名字，他说现在在法国，给我打了新年第一个电话，我喜极而泣。此后几年，他在法国留学期间，都在新年零点的时候给我打电话祝贺，这也成了最让我感到幸福的新年礼物！我想，世界上所有的职业，都没有教师这样的幸福，十几年、几十年后，学生还这样爱着老师。这也成了我努力工作的力量源泉，虽然我们不求回报，但是当得到一些回报的时候，那种幸福是无以言表的。后来，他邀请我参加了他的婚礼，见证了他的成长和幸福。有一年中秋节，他来看我了，他说联系了我的孩子，因为他们是小学同班同学，我孩子也是我的小学学生，金俊说他作为代表来看看"老妈"。那时，我觉得孩子们已经长大，我已经成了他们想要照顾的那个人，感慨之余，更多的是幸福。

有老师问我："你学生怎么和你这么好？"我直言相告，我们没有指望学生毕业以后和我们有多好，但是我们也不抱怨学生不懂事，而是要反思自己，我们真的做到把学生当作自己孩子一样对待了吗？我们真的从心底里喜欢学生吗？老师，真的成为学生们的好家长了吗？要是我们做到了，学生一定会感知到的，师爱生、生爱师的和谐画面一定会出现。

3

播下"责任与担当"的种子

学生回忆

我爱我家

何林涛

家，对于不同的人来说意义并不一样。对于同一个人来说，在不同的人生阶段，家的意义也大有不同。

小时候，父母为了让我有更好的受教育的机会，在我读小学二年级的时候就将我送到市里的一所寄宿学校读书。记得那时候是每两周回一次家，从那时起，学校、教室、班级就成了我的第二个家，而老

师、同学也成了我的家人。

　　因为是寄宿制班级，除了白天正常的课程以外，课外的时间我们班里的同学基本上生活在一起，比如吃饭、休息、玩耍。因为是寄宿制班级，记得那时候学校里安排的班主任也是一对一的，一个寄宿制班级就配一个专门的班主任。现在想想也正是学校这样的安排，让我们在小学的 6 年时间里收获了其他班级同学不曾收获的东西，让正处在幼年成长期的我们得到了除了自身家庭父母以外的另一种"母爱"。这给我人生带来的影响是很深远的。也是因为寄宿制班级，我们班的老师有了另一种责任，除了教会我们文化知识，更重要的是教会了我们原本应该是父母教会我们的东西，那就是对家庭的爱。

　　记得我们班有个"我爱我家"的学习园地，班主任在教室的一面墙上用彩色的泡沫纸张贴出一个心形的图案，然后会在心形图里不时地张贴出班级里同学们的一些学习信息，一些学校、班级活动的照片等。那时候对于还年幼的我们来说，看着"我爱我家"里张贴的那些照片、文章、画报，大家心里都会很开心、很快乐。现在回想起来，那时老师正是通过这种方式，在大家心中种下了对家庭、对家人关爱的种子。记得那时候，我们班的同学在很多方面都比同年级不是寄宿制班级的同学优秀，不单是学习上，更多地表现在独立自主地解决问题的能力上。而这些能力的成长正是因为班主任在学生们心中种下了"家"的种子。因为很多时候同学们的表现在同学们心中并不单单只是为了个人的荣誉，更多的是为了班级，为了老师，为了自己的"家"。所以我们会在学校组织大扫除的时候扫得比别的班级更干净，在学校组织文艺汇演的时候排练得比别的班级更辛苦、更用心，也会在学校每周的年级评选优秀班级未能得到优秀时比别的班级更伤心……所有的这些在同学们的心中都是为了我们大家的"家"。

记得随着年级的升高和学校的发展，我们的班级教室也陆续搬过好几次，但是不管教室位置改变多少次，在新的班级墙上永远会有一块"我爱我家"的宣传栏。随着年龄的增长，岁月改变了我们稚嫩的面容，但是不变的是我们对于这个"家"的爱。6年的学习时间，我们和自己父母相处的时间真的很少，除了寒暑假和日常的每月两次周末回家时间，我们更多的时间都是待在学校，待在班级这个"家"里。也正是因为这样的人生经历，我在后来的学习、生活、工作中对于"家"的概念有了更深的理解。

"我爱我家"是一种文化，它让我们在年幼的时候就开始慢慢懂得家的概念，也慢慢懂得对于家庭成员的责任。也许那时年幼的我们并不能明白老师的期望，但是不能否认的是，那时年幼的我们已经在这种文化的熏陶和培育下慢慢形成了自己的观念，那颗当时我们自己都不清楚的"家"的种子，已经在我们并未察觉的时候被我们的另一个"妈妈"种在了我们的心中。

时光如梭，虽然现在大家已过而立之年，每个人都在为自己和家人的生活而奋斗，每个人对"家"的理解都不尽相同，但是我觉得对于家和家人的那份责任、那份担当不论经过多少年都是不会磨灭的。

感谢"我爱我家"，感谢我的同学们，感谢陈老师。

【临海小学 1995（2）班学生，现自主创业】

📖 教育思考

《义务教育语文课程标准》（2022 年版）强化了课程的育人导向，强调要落实立德树人的根本任务。歌曲《国家》的歌词里有这样一句："家是最小国，国是千万家，在世界的国，在天地的家，有了强的国，才有富的家，国的家住在心里，家的国以和矗立。"对照育人目标，回望自己的班主任工作，欣慰自己 30 多年前做的事还是正确的，"我爱我家"的学习园地成了许多学生心中的根、眼中的光、行动的方向。

读着林涛的文字，我很感动，感动于他对家的理解，对家的责任和担当。他说："'我爱我家'是一种文化，它让我们在年幼的时候就开始慢慢懂得家的概念，也慢慢懂得对于家庭成员的责任。也许那时年幼的我们并不能明白老师的期望，但是不能否认的是，那时年幼的我们已经在这种文化的熏陶和培育下慢慢形成了自己的观念，那颗虽然当时我们自己都不清楚的'家'的种子，已经在我们并未察觉的时候被我们的另一个'妈妈'种在了我们的心中。"是啊，刚入学的孩子对于家的概念还是不大理解的，理解得也不够理性。他们只记得他们是一家人，家人要团结友爱、相互帮助，到他们长大了，这个"家"的概念就烙印在他们的记忆中，家就应该是这样子的。林涛说这种"家"的概念已经"种"在了心里，每个人都应该有责任和担当。

记得小时候的林涛一直坐第一排，小小的个子、大大的眼睛，聪明而内敛，画画特别好，经常和同学们一起出黑板报。他从不会惹麻烦，特别乖巧。毕业以后，我很少和林涛见面，但我曾很多次遇见林涛的妈妈，他妈妈一见面就说林涛一直在念叨着我，说我对他好。我询问他的近况，他妈妈告诉我他毕业了，工作了，结婚了，总是夸林涛很懂事，努力学习，努力工作，讲话很有礼貌，孝顺妈妈，尊敬爸爸。我听了非常高兴，自己的学生受到表扬比自己受到表扬还要高兴，我连声说"好好好！你有一个好儿子"。我为林涛高兴，想不到林涛从这么小个而文静的小男孩长成现在这样有责任、有担当的男子汉，他竟然一直记得小时候班级里的"学习园地"，这块园地使他成为好学生、好儿子、好丈夫、好爸爸、好公民……

立德树人，不是一句喊在嘴里的口号，而是要落实到细小工作的具体的事、融入学习环节中很自然的行动，就像水中的盐，寻之无痕，食之有味。"我爱我家"的学习园地也算其中一个立德树人的做法吧。当年，我担任寄宿生班班主任，与同学们朝夕相处，我只是想让学生知道大家要像家人一样和谐相处、团结友爱、共同进步，于是设立了"我爱我家"这个园地。在这个园地中，有每个同学的照片，有每个同学获得的小红花，同学们能时时看到自己和同学的照片，用现在的流行语说就是刷存在感吧，用课程理念来解释可以说是以生为本，学生真正成了教室里的主人，学生的主人公意识会慢慢增强。我鼓励他们，你们是一家人，应该齐心协力。班级的凝聚力无形中增强了，记得 6 年来班级里同学之间吵架打架现象只发生过一次，这一次也成了两个同学"不打不相识"的起点，他们成了好朋友，直到现在。

"我爱我家"的用处还有很多，因为每个学期都要重新张贴大爱心和同学们的照片，这不仅是品德评价栏，也是学生的成长册，更是习作的好素材。我经常会让学生选自己的照片来介绍当时拍照的情景，接着让他们选择自己喜欢的同学照片来猜测他（她）当时拍照的情形。他们在不知不觉中学习观察，学习表达，学习赞扬同学，学习根据照片猜测，这种无压力的学习深受同学们的喜爱，同学之间的关系也日渐融洽。同学们也经常主动更换照片，他们从中懂得了拍照片的意义，思考怎么拍才好看，更注意自己的体态动作，注意自己的表情服饰，这个过程也培养了他们的审美情趣。我想，当他们长大了，每逢要拍照片，也许会想起小时候张贴在教室门口进来的墙壁上的粉色"大爱心"，想起小时候同学们的脸庞，想起同学间的快乐相处。

长大以后，家，对于每个人来说都是非常重要的。不管是原生家庭，还是后面建立的自己的小家庭，哪怕以后孩子成家之后的大家庭，都需要家人间的互相理解、互相帮助，每个人都要有家庭责任感。一个个小家庭都快乐幸福，社会才能和谐。从小的"学校家"的概念，或许对长大后"现实家"的模样有所影响，幸好，我当班主任时是能让孩子们快乐相处的，并且我是公正处事的，也对他们是爱心满怀的，给予他们父母该给的爱，让他们度过了一个愉快的童年。

30多年后，经过时间的沉淀、尘世的喧嚣，还有这么多同学在心底记得班级门口"我爱我家"这个成长园地，我快乐，我激动，我庆幸这个园地已经真正成了孩子们成长的乐园！

4

赋予聪明正能量

学生回忆

我的班主任
——陈佩莉老师
王 野

自从高中毕业后，我就再也没有写过作文了，但最近竟然遭遇了"催交作业"事件——我的小学班主任兼语文老师陈佩莉老师因为要出书，让我写一篇在她门下求学、生活的文章。但我自小就调皮捣蛋，向来糗事不断，再加上工作后一直没做出什么像样的成绩，深感

"有辱师门"，愧对陈老师多年来的谆谆教诲，故而两次都以工作繁忙为由推托陈老师，希望再一次赖掉作业。但陈老师却不以为意，三次电话、微信"催交"。她的真情使我深感师命难违，故而不得不提笔作拙文一篇以示师恩难却，纪念那段如歌的求学生涯。

　　陈老师不仅是我的班主任和语文老师，也是我妈妈的同事，所以在拜入她的师门前我就认识她了，顽劣的我成为她的学生后，经常和她"斗智斗勇"。但陈老师总能明察秋毫，对我的管教也是既严格又不失温柔，因此我这只孙猴子总是难以逃出她的五指山。记得二年级时，我们班的教室在陈老师宿舍楼对面的教学楼的底楼，所以陈老师在寝室就能将我们的一举一动尽收眼底。有一次大课间，我和同学们在教学楼和宿舍楼间的沙坑中玩沙子。突然一阵铃声响起，我们急忙起身，边甩手上的沙子边往教室跑。但我跑出大半段距离后，由于心中实在不舍沙坑中还没完成的"杰作"，便逐渐停下脚步，斜眼瞥了下旁边的教室，发现教室里并没有陈老师的身影，看来这节课不是陈老师的语文课，那就再玩一会儿吧，我在心里暗道。于是又扭头返回沙坑。但没跑几步，我猛然想起陈老师的寝室就在对面的楼上，她会不会在楼上注视着我们呢？于是我便偷偷抬眼望了望楼上，发现陈老师果然站在阳台上威严地注视着我和还留在沙坑中的几位同学。"完了。"我在心中哀叹一声，"明知故犯，罪加一等，看来又要被批评了。"正当我全身如坠冰窟、心如死灰之际，突然急中生智，加快脚步继续向沙坑跑去，一边喊道："同学们，别玩了，上课了，快回教室。"我还将听到喊声后仍不起身的同学一把拽起来往教室跑。等到上语文课时，陈老师并没有像往常一样开始上课，而是严厉地批评了几名上课铃声响后仍在玩沙子的同学。正当我为自己的小聪明而逃过一劫沾沾自喜时，却听到陈老师话锋一转："这里我重点表扬王野同学，他不仅自己一听到铃声后就马上起身回教室，而且看到还有同学在玩沙子，又折返回来敦促他们回教室，请同学们学习他这种宝贵的行为。"看着同学们投来羡慕和祝贺的眼神，我的心中不由得五味杂陈，既因为受到表扬而兴奋，也因为自己灵机一动被免去批评而庆幸，更为自己的动机不纯而内疚，还有一丝丝怕被陈老师看破而担忧。下课后，陈老师把我单独叫到办公室，她似笑非笑地看着我问："你为什么往回跑了几步，又抬头看了看我才返回去喊同学们回去上课？一开始怎么不叫他们一起回教室呢？"我一见把戏被拆穿了，马上红了脸，赶紧向老师说出实情。虽然时隔多年，我已经忘记了陈老师教育我的原话，但我至今仍不敢违抗她的教诲——做人做事不可投机取巧，还是踏踏实实的好。

陈老师不仅注意培养我们的品性，而且也积极地塑造我们的价值观。记得在一个炎热的夏日午后，陈老师和我们都坐在教室里自修。对于 20 世纪 90 年代的乡镇小学来说，空调还是闻所未闻的东西，几个吊在房顶的电风扇就是避暑的神器。我们便和往常一样让陈老师打开电扇凉快一下。但陈老师这次并没有直接去开电风扇，而是提醒我们班上有一位同学正在发烧，不能吹风。接着陈老师让我们思考以下三个问题：一是打开电风扇后这位同学病情加重的后果和不开电风扇我们一起忍受炎热的后果，哪一个更加严重？二是如果现在发烧的是你自己，你希望打开电风扇还是不打开？三是大家作为班级的一分子，为了这位生病的同学，你能提供哪些帮助，并可以为他做出怎样的牺牲？在陈老师的不断提问下，同学们一致决定为了让生病的同学早日康复而不开电风扇。30 年的光阴尘封了太多的往事，但我对这次在陈老师精心引导下做出的选择始终铭记在心。通过这次选择，我第一次尝试以同理心去思考问题；并且作为一个集体的一分子，我第一次心甘情愿地为集体其他成员的合理利益诉求而牺牲自己的正当利益，并真实地感受到原来无私地为他人提供帮助所带来的精神上的愉悦，比单纯的生理上的享受更加快乐。后来当我读到毛主席的《为人民服务》时，这种感觉更是尤为真切。可能对于陈老师漫长、精彩的教育生涯而言，这次教育过程不过是一个不起眼的小插曲，却是我形成深厚的集体主义和家国情怀的滥觞。

陈老师不仅在德育上润物细无声，在知识的传授和对我们能力的培养上更是独树一帜。时至今日，我对她教"挥"这个字的过程仍记忆犹新。陈老师并不是让我们机械地读或抄写这个字，而是在仔细地分析了"挥"的读音、结构和组词后，问我们如何才能快速、准确地记住它。她先引导我们回顾左边的提手旁有什么含义，然后又让我们用"军"字进行组词，进而思考"军"都有哪些含义，最后想象将两部分放在一起后又能形成什么新的意义。在陈老师的循循善诱下，我很自然地想到"挥"这个字可以理解为"军长用手指挥军队打仗"。听到我的解释，陈老师先是一惊，再是兴奋地开怀大笑，并和同学们一起为我鼓掌。从此以后，我也学会了用这套方法来记忆认识生字，原本枯燥乏味的生字学习也逐渐变得有趣起来。后来我还对汉字的起源产生了浓厚的兴趣，并搜集了不少甲骨文的资料进行学习，而这一切都源自陈老师在不经意间埋下的种子。

我在陈老师门下学习的时间只有短短的三年，由于父母和陈老师的工作调动，我换了学校和老师。但是陈老师对我的启蒙教育却润物细无声地影响了我一生，遇到陈老师是我人生的一大幸事，祝愿陈老师工作顺利、生活幸福。

【涌泉中心校 1992（3）班学生，现台州中学西校区教师、浙江省教坛新秀】

教育思考

王野是我教过的学生中比较特别的一个孩子，特聪明，特调皮，又特可爱。我们昵称他为阿野，他妈妈是我的同事，我经常抱他。大家都笑说他名字中有个野字，他人也具有野性。小时候的他天不怕，地不怕，连校长也敢斗嘴，就怕班主任我一个。他特爱玩：到沙坑里玩沙子，带一身沙子回家；到池塘里抓鱼，全身湿透；在他外婆的地里随意拔菜；等等。只要是他想干的事他就去干，没人能阻止得了。他有个双胞胎哥哥叫王渊，也是我的学生，哥哥有哥哥的样子，比他稍微不"野"一点，两兄弟长得很像很像，一般人分辨不出来，俩孩子都很大胆，爱笑，脸上都有两个小酒窝，每天穿着一样的衣服，他俩便成了学校里一道靓丽的风景。课余，老师们还经常和他们开玩笑，逗他们玩，经常拉着他俩一起辨认哪个是哥哥哪个是弟弟。老师们分辨不出，还愣在那里的时候，俩孩子便笑着跑开了。只有我们任教的老师能分出哥哥和弟弟，弟弟稍微瘦一点，酒窝更大一点。

这样的小学生，玩大于学习的野性十足的孩子，长大后成了一名重点高中的优秀的教师，我很自豪。当然，我也很好奇，在他的记忆里，还有没有小学生活的印记，小学生活对他有什么帮助？于是便几次三番地催他交"作业"，写一写对小时候学习的印象。想不到的是，阿野交来的"作业"里有这么多深刻的记忆，课堂内外，学习玩耍。他说还记得讲故事比赛的事，因为记不清故事的题目了，就没有写进去。我很欣喜，爱玩的孩子不单是玩，更是在玩中学，学到了心中。

记得早读课的时候，双胞胎兄弟经常迟到几分钟到教室，因为家里有两个孩子，家长用时要比独生子女多一些，而且两个孩子一起又会吵闹，更浪费时间了。同学们呢，已经习惯和包容他们的迟到，只不过大家观察到了他们的顽皮。对于他们迟到的事，有几个女同学曾悄悄告诉我：语文课的时候，陈老师在教室里，他们会不好意思地低着头，脚步轻轻地快速溜进教室里读书；要是数学课的时候，他们会大摇大摆地走进教室里。哈哈，我听了不禁笑出声来。我问同学，我有这么凶吗？他们这么怕我，我从来也没有批评过他们啊！同学说，因为你会盯着他们看一眼，他们就不好意思了。哦，同学们的观察力还真强啊！不要小看小学生，他们竟然懂得这么多。我不禁反思：老师应该清楚地知道学生们的学习状态，利用好体态语言，一个眼神，一个动作，一个表情，都是无声的教育。只要学生明白老师是清楚每个学生的，他们就会自觉起来，都想得到老师的称赞。所以，班级里也就没有人迟到，他们哥俩随着年纪的增长，也渐渐地能按时到校了，学习也越来越认真。

我印象最深的一件事是，讲故事比赛。王野的声音很好听，很有穿透力，胆子又大，语文课上朗读的时候绘声绘色，经常赢得同学们热烈的掌声。学校要组织讲故事比赛了，我让同学们自己报名，准备好故事，利用早读课一个一个地上台来讲，大家评出最佳选手参加比赛。那次比赛让王野一鸣惊人。班级里同学推选他去参加学校比赛的时候，学校里的老师议论纷纷，质疑我照顾教师子女，是为了给教师子女一个锻炼的机会，这样的野孩子参加比赛能行吗？有的老教师还直接当面说我，怎么选他参加比赛。我笑笑说，不是我选他，是全班同学选他，他讲故事是真的好，是讲出来的，不是背出来的，而且表情动作非常自然，不是我能教得了的，过几天你们听听吧。那次比赛，全校老师都在关注他讲故事，没有悬念，他得了第一名，而且遥遥领先！接着他又参加镇里比赛、区里比赛，他都得了第一名！大家一下子对他刮目相看，原以为这么爱吵闹的孩子是不会认真学习的，想不到的是他不但爱吵闹，也爱学习，更想不到讲故事讲得这样绘声绘色，乡村学校孩子的故事讲得可以与少儿节目里的相媲美。从此之后，他的学习成绩显著提高，各方面表现也明显好转，成了班级里的三好学生。

　　三年级过后，我被调到临海任教了，他也转学到临海学习，好多年没有见面。直到他工作了，有一年春节，他们哥俩来看望我。看着顽皮的孩子长大变成了大帅哥，我很兴奋。尤其听到他也当了老师，我更是惊喜。于是我们聊了好久，师生同行，更是话多，聊学生，聊课堂，聊教改……我觉得他长大了，小时候的顽皮变成了稳重、聪慧和有责任心。我们从他的成长开始讨论，教师要无条件地对学生好，要鼓励学生，特别要重视有个性的学生，有个性的学生往往更会有创新性。记得王野上小学的时候，虽然课后非常吵闹，课上的精神却很足，上课时会有很多与别的同学不一样的精彩瞬间。他对"挥"字的记忆，让我想起他当时一边说一边用手一挥的情景，这种大将风度把同学们都镇住了，得到同学们的热烈掌声。在低年级的识字教学中，我们班同学爱上了联想识字、编顺口溜识字，一个个你追我赶的，谁都能想出自己独特的记忆方法。教室里经常会笑声连连，这样的学习怎能不快乐呢？

　　表扬的力量是无穷的，不仅学习上要表扬学生，思想、生活上也得表扬学生。把批评变成缓和地教、轻轻地说理，小学生也会印记在心中的。阿野说的沙坑玩沙的事，我现在想起来也觉得自己当时的做法是有小智慧的。先表扬，后谈心，当然，一个追求上进的孩子是多么需要教师的用心呵护啊！又如教室里开电风扇的事，几十年过去了，孩子还能印象深刻，这或许得益于教师民主的管理，遇事把孩子当作大人来对待，让他们参与商量、参与决策。这个过程，孩子们会考虑到别的同学的情况，不再是以我为中心，以人为本的理念在小事中渗透，并且在他们小小的心灵中播下善良的种子。这种在做中学，看似与学习无关，却比学习分数更重要，是真正的立德树人，长大后他们会有正确的人生观和价值观。

2023 年的教师节，我和王野、包珂珂这两个学生一起同台在市教育发展大会上领奖。他们俩都被评为浙江省教坛新秀。看到他们取得的成绩，我很自豪，更高兴的是我的学生们会乐意当老师，当好老师。我叫上他们一起合影，想以自己的经历告诉他们，成绩马上会成为过去，教育是一场马拉松，只要不退休，就要努力学习，完善自己，这样才能做到"老师不老"。

随着时代的发展、社会的进步，学校里像王野这样既聪明又顽皮的学生越来越多，我们怎么客观地看待这样的学生，怎么帮他们扬长避短，怎么培养他们的核心素养，怎么才能让他们痛快地玩又愉快地学？我们是否可以从王野的身上得到启发，让这些孩子能更聪慧，赋予他们正能量，成为优秀的人才？

5

以一颗童心理解孩子保护孩子

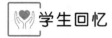学生回忆

保卫雪人

王凌峰

　　读三年级的那一年冬天，下了一场雪。对于我们来说是长这么大见到的最大的一场雪。整个世界都是一片银装素裹，美不胜收。

　　坐在教室里上课的我们其实心都已经飘荡在外面了，都希望第一节课快点结束。刚一下课，我们就飞奔向操场。经过短暂商议后决定堆个雪人。由于课间时间紧迫，我们决定分成两组，一组去找可以做

雪人眼睛、鼻子之类的物品，另一组堆雪人。经过大家的努力，短短几分钟时间雪人就堆好了，另外一组同学也在食堂里很快地找到了一根胡萝卜和几块小煤炭。于是我们把胡萝卜当鼻子，把几块小煤炭当眼睛和纽扣给雪人安了上去，还给它披上了一条红领巾。就这样，一个憨态可掬的雪人堆好了。我们牵着手围着雪人又蹦又跳，开心极了。可是上课铃声还是无情地响了起来，我们只好恋恋不舍地回到了教室。

这节课刚好是陈老师的语文课。可是，我们人在教室，心却还在雪人那里，上课的时候都在关注着外面的雪人。由于操场上刚好有一个班级在上体育课，我们的心更加紧张了，怕他们把我们堆的雪人破坏了，于是都探头探脑地往窗外看，根本没心思听课。陈老师发现我们上课这么不认真非常生气，同时，也感到很奇怪，就问我们到底是怎么回事。可当了解情况后，她反而什么也没说，直接向教室外走去。当时，我们都紧张极了，不知道陈老师要干什么，难道……我们都趴在窗户上向外看去。没想到陈老师居然对着那班上体育课的同学喊了一声："这是我们班同学堆的雪人，你们不要动哦。"就是这一句话，一下子拉近了陈老师和我们之间的距离，感觉她就像一个大姐姐一样照顾我们。当陈老师回到教室后，我们已经端正地坐在了自己的座位上。就这样，我们认认真真地上课，再也没关注教室外面了。

陈老师有老师的严厉和大姐姐般的宽容，就在这种亦师亦友的关系中我们愉快地度过了小学 6 年。由于陈老师的这种教育方法，我们都很喜欢她，直到现在，我们既尊她为老师，也当她是朋友，一直保持着联系。

【涌泉中心校 1986（1）班学生，现自主创业】

教育思考

凌峰回忆的这件事，勾起了我的思绪。我对这件事的印象还比较深，我原以为这是很平常的一件小事，小朋友可能记不住，想不到他却对此记忆这么深刻，更想不到这件小事对他们的影响有这么大。其实，自从走上教师工作岗位后，我对学生的要求是非常严格的，甚至追求完美。我信奉的是严师出高徒，要让学生从小就养成严谨的作风、良好的习惯。但同时我也是宠生狂魔，对学生提出的合理要求总是无条件地满足，下课和他们一起做游戏，甚至课余时间学生都可以爬到我寝室的床上来撒野，我还总在别人面前夸班级学生的种种优秀。这就是我认为的刚柔相济，能使学生更好地成长的理念。

下雪，尤其是下大雪，不要说对于南方的孩子，就是对于南方的大人来说，也是非常稀奇的。雪花纷纷扬扬，人们跑出去用双手接雪花，看着银装素裹的世界仿佛来到了北方，玩雪成了我们梦寐以求的事。大雪过后，学生们利用下课的时间堆雪人，雪人也从图画中来到了真实的世界里，那是多么欢乐的时光，多么有意义啊！那天上课时，我发现了他们的异样，全班同学几乎都是心不在焉的，这种现象在我的语文课上从没有出现过。尤其是坐窗边的同学，眼睛时不时地瞟一眼窗外，偶尔还悄悄地和同学做个手势。我顺着窗外看去，没有看见什么特别的。因为之前有蝴蝶飞进教室，我还停下上课，让他们观察过，一起追赶蝴蝶，教室里热闹了一番。这回到底是为什么呢？我直接问学生，窗外有什么值得你们看的呢，下课不是玩过雪了吗？胆大的同学直接指了指窗外说，这是他们下课时堆的雪人。我说堆得好啊，下课了你们再去堆啊。他们又指了指在操场上上体育课的同学说："他们班在上体育课呢……"哦，我瞬间懂了，他们是担心别班的同学把他们的雪人给破坏了。于是我快步走出教室，朝着上体育课的那班学生大喊一声："××班同学，这是我们班同学堆的雪人，你们不要动哦。"当我回到教室，确实如凌峰记得的那样，大家已经坐得特别端正了，眼睛都注视着黑板。接下来的这节课，同学们学得特别认真，注意力特别集中。我表扬他们说："你们已经把浪费的时间补回来了。"

那次以后，同学们变得越来越懂事了，和我更亲近了，经常和我聊一些"秘密"，当然他们学习也越来越认真主动了。原来他们把我当作"自己人"啦。其实，在我的心中，教育是教学生形成好的学习动机，教育是培养学生养成爱学习的心，提高他们的学习积极性。教育是靠学生来学的，不是靠老师来讲的，更不能靠老师"压"的。平常在教学过程中，我宽严相济，经常对他们说的一句话是：学要学个踏实，玩就玩个痛快。老师要有一颗童心，要把自己当作孩子，这样才能换位思考，才能和孩子很好地相处，才能更了解孩子，保护孩子。换句话说，老师更应该做到善解人意。我是这样想的，也是努力这样做的。比如，学生们想去春游、秋游了，我就会和学校要求带他们到较远的地方去玩；或者我趁着周末带他们到田野上、山上、小溪边去野炊、做游戏、写生、唱歌，和他们一起"野"，一起快乐。我们班的学生，要是提出什么好的建议，我基本是会满足他们的。有一次，他们还提出来，晚上要到教室里上夜自修，大家一起做作业，我想反正大家的家离学校都比较近，来就来吧，事先约法三章：大家要经家长同意，家长不同意的不要来，路上也要注意安全，不能借到学校之名而外出。那几晚夜自修，同学们坐在安静的教室里学习得特别认真，其实他们很快就完成了作业，还让我给他们出一些兴趣题，他们也做得兴致勃勃。整个校园，就我们班教室亮着灯，同学们觉得这事儿很神秘，很有劲儿。后来，在学校的建议下，我们几个晚上的学习告一段落了。但是留给学生的却是难忘的经历，以至于对于白天的学习他们也认真起来了。

这些经验告诉我，老师对学生越好，学生就会越听老师的话，也就是说师生的关系会越亲密，师生关系越好，学生的创造力也会越好。在学生看来，老师是理解他们的，是保护他们的，他们有安全感，他们可以有自己的想法，就是提出幼稚的甚至不当的想法，老师也不会批评他们。这样的教育环境促使他们大胆地去想，他们的创造力就会越来越好。在做作业的时候，我会要求他们有自己新的想法，看谁的想法好，想法独特。用目前新课标的要求来衡量，这就是思维发展。学生的思维发展了，他们的创造力也就发展起来了。老师理解孩子的童心，保护孩子的童心，其实就是在保护他们的创造力和生长力，他们会成长得更快更好。同样，他们也会学着去理解别人，去保护别人，这就是人的成长，这就是教育的意义吧。

与凌峰这一届学生的相遇接近 40 年了，在他的心中，小学的时光是快乐的，小学的老师是可亲可敬的，那是我当老师的快乐。他们长大成人以后，更是把我当作了他们的知心姐姐，家里的大事小事都要来和我分享。凌峰要买房了和我商量，他孩子要上学了和我商量，我有什么事情需要他帮忙的，他工作很忙也二话不说地就来了，这让我很感动。每年春节，他们一些同学都会聚集在一起，聚一聚，乐一乐，他们说："和陈老师一起，我们就回到了童年，我们就是小学生，我们就很快乐。"是哦，将近 40 年，时间没有遗忘教室外的那个"雪人"，因为这个"雪人"，我们师生间的关系更融洽了；因为这个"雪人"，我成了学生心目中的"自己人"；因为这个"雪人"，同学们的学习更用心、更自觉了。或许，正因为"雪人"等体现出的当年老师无意的理解和关心，直到过去将近 40 年，我们之间也没有生分，没有隔阂，我们有的是理解和默契，更多的是相互的爱，直到永远……

6

你是家长面前学生的保护神

 学生回忆

一次记忆深刻的家访

周 琳

教师是一个值得尊敬的职业，他们温暖着每一个学生的心。陈老师，你犹如一束光，温暖着我的心房，给予我支持与鼓励、安慰与陪伴，是你让我充满自信，走出迷茫。

那是一个阳光明媚的中午，我在操场上和同学们一起快乐地玩耍，可突然陈老师通知我去她的办公室。我怀着忐忑不安的心情去老

师的办公室，一到办公室门口，老师就用那温和的笑容叫我进去坐在她的面前，亲切地问我："周琳，你这学期的学费还没有交，是不是家里遇到什么困难了？"我当时一愣神，随之陷入了尴尬，因为我家里一直非常贫困，父母都是残疾人，没有稳定的收入，而且我爸也是一个脾气倔强的人，一旦认定一个理，就是十头牛也拉不回来的。当时家里穷，没有多少收入，靠我爸的一点微薄收入，根本支撑不了家里的开支，我爸也是这个脾气，不愿意向别人借，所以我的学费还欠着。老师看到沉默的我，就露出了亲切的笑容说："周琳，我到你家坐坐可以吗？"我茫然地点了一下头。

因为我家离学校很近，下午放学，老师和我边走边聊，很快就到了我家。当时父母都在家，一听老师到家里来了，我爸以为我在学校里闯祸了，立马拿起家里的棍子要打我。老师急忙站到我身前护住了我，拦住了气势汹汹的我爸，说我在学校表现好，表明了自己这次过来的情况是学校要求上交学费了。我爸当时就陷入了沉默，过了良久，我爸说出了自己的困难，希望能再宽限几天，过一阵就把所欠的学费凑齐。老师听了我家里的情况后，很委婉地说："我不知道你们家的情况，如果真遇到什么困难的话，我也可以帮忙的。"当时我爸毫不客气地回绝道："不需要你的帮助，我可以办到的。"我一脸无奈，我爸就是这样的性格。老师听到后笑了笑，接着，和我爸聊起了天，聊起了她自己的学习经历，聊起了自己想做好一个人民教师的信念，聊着聊着，我爸就有点想开了。这时，老师就说出了自己的想法，她先帮着我垫付学费，等到我爸赚到了钱再还给她。我爸这才点了点头。这件事一直印在我的心中。

老师无私地帮助了我家，我感觉自己是幸运的，也是温暖的，老师给了我新的希望，也让我有了发奋努力、艰苦奋斗的决心。

【涌泉中心校 1986（1）班学生，现涌泉橘农】

教育思考

周琳能真实地写出他小时候的囧事，我很感动，这是需要自信和勇气的。周琳是个特别的孩子，小时候是个很有个性的人，人特别帅气，眼睛大大的。他家在当地是比较特别的，我不喜欢和同事们说学生的事情，所以对他家情况的了解还是始于这次家访。从此以后，我对他疼爱有加，不管在学习上还是生活上都特别照顾他，同学们见到了，也对他特别好。

后来，我从他邻居，也是我同事那里了解到，周琳或许生来就是个野性十足的孩子，他爸管教他的方法就是棍棒相向。听说就是那次家访我拦住了他爸之后，他爸对他刮目相看了，觉得老师对他好，之后就没有再拿起过棍子，他爸也一直在人前人后甚至在大街上直呼我教育得好。我记得我把周琳的座位调到了第一排，方便我随时可以关注到他。他上课只要看到我的眼神就会认真地听几句，学习成绩直线上升。

很清楚地记得有一次上语文课，组长汇报他又没有完成家庭作业，这真是个老大难问题，放任他吧，怕同学效仿，管吧又不可能天天陪着他。我当时灵机一动说：同学们，我们来听写词语吧，要是周琳没有完成作业也能听写得 90 分（一个字扣 5 分），那他的作业就可以特殊处理，由他自己决定做与不做，你们觉得可以吗？大家齐声赞同。在大家拿出听写本，打开课本复习几分钟后，我们按照惯例，请一位同学来念他想听写的本课词语，其他同学听写。在同桌互相评价后，周琳还真的得了 90 分，只错两个字，同学们对他报以热烈的掌声。我趁机说，按照我们之前的约定，周琳的作业可以不做，但是，我觉得周琳这么聪明，要是他能做作业的话，一定会得 100 分，我转向他问：你觉得对吗？他点点头。后来，他的作业完成的次数增多了，慢慢地安静下来学习了。每逢周末和寒暑假，因为我是常年住校的，他经常自己跑到学校里来，我陪着他在教室里写作业、阅读，他变了个样，和我关系越来越亲近了。

读初中了，他也经常到学校里来看我，和我说说他的情况。长大后，他更会经常和我商量他的工作，有时候和我谈他的孩子的教育问题，他成了同学眼里一个优秀的丈夫和父亲。冯芬同学好多次向我夸赞周琳踏实、肯干、勤劳、重感情。直到现在，他基本每天来回于临海和涌泉，陪着他的女儿学习，他觉得孩子的学习是很重要的。

我离开涌泉后，每年国庆节前后，他就会把他家山上的结得特早的橘子摘来送给我尝鲜。我到教研中心工作后，有一年橘子成熟的时候，我到涌泉小学听课，在校门口刚好碰到他，他刚摘橘子回来，骑着三轮车，看到我他很惊讶、很高兴，说了句："陈老师，你今天怎么在这里，你先不要回去，要等我。"他还特地叮嘱旁边的老师说一定要让我等他。一会儿，他就送来了两箱橘子，说自己刚摘回来，回家挑了两箱好的。旁边的老师很惊讶，问我们是怎么认识的，他很自豪地说："陈老师是我小学时的老师啊！"

周琳的感恩让我很自豪，也让我有所反思。面对一个顽皮而聪明的孩子时，你看到的是他的哪个方面？面对一个棍棒教育的家长时，你又该怎么保护学生，维护学生的尊严？周琳小学的时候，我从来没有批评过他，大多会表扬他的优点，要是他做了好事就会大力表扬，有时候他做了不该做的事也只是调侃他几句。那么小的学生竟然会懂得老师的爱，同学们也会发出会意的善意的笑声。教育应该成为春天的细雨，润物而无声，让人感到舒服、安全。老师叫学生单独谈话的时候，一定要面带微笑，学生到老师的办公室本来就会紧张，会忐忑不安，老师要与他们平等对话。教师家访的时候，不要告状，不要指责，你应该是学生的保护者，先表扬后建议，消除家长看到老师到家造访就是以为他家孩子犯了错的错误看法，我们可以大力表扬学生，让家长以及周围的邻居都知道孩子的好。这不仅有助于改善师生关系、亲子关系，还会改善他们的邻里关系。试想，一个孩子被老师这么表扬，他的自信心会不会爆棚？他的自我认知是不是更好？他会不会更有善心善举？

在科技越来越发达的当今，微信群、视频可以极大地提高办事效率，或许过多的群信息干扰了家校的沟通，或许适当的家访能更好地促进家校沟通。当我们抱怨沟通快了、感情却远了的时候，我们是否可以用稍远一点的、稍慢一点的方式来拉近彼此心灵的距离呢？教师希望家长能客观地认识孩子，公正地评价孩子，一个优秀的家长会在教师面前感谢老师的培养，会愧疚自己没有把孩子教育好。一个优秀的教师尤其是班主任也能客观公正地评价学生，更多的是发现学生的闪光点和提出学习建议，也可以因为没有把学生教育得达到家长的期望值而表示歉意。假如家校能如此沟通，形成的合力会不会呈几何级别的增长呢？我们的学生会不会更幸福？我相信如果做到这样的家校和合，那么师生关系会更亲密，学生的学校归属感会更强，学生的核心素养会更好地发展。

7

触动心灵　自我成长

学生回忆

流泪的班队课

刘海秋

　　时光荏苒，一转眼已经到了而立之年。2020 年，小学同学群里发起了一个讨论：小学生活中让你印象比较深刻的事情是什么？这个问题一下子让我想起一句话：当你开始回忆了，那说明你不小了。要说小学让我印象比较深刻的事情，那还是我们语文老师兼班主任陈佩莉老师的思想品德课了。

　　我们的小学生活跟大多数人都不一样，我们属于寄宿生，在那个年代，寄宿还是比较新鲜的事。我们班大部分同学的家长都是经商或者工作比较忙的，平时接送孩子都没有时间，一大群萝卜头咿咿呀呀地都丢给了老师们照顾，到毕业的时候我们班有 52 个学生。后来我自己当了父亲，想起我们的班主任陈老师，是满心佩服，她得有多大的勇气和耐心才能当得起 52 个孩子的妈妈呀！我们平时两周才回一次家，回到家后不少父母也是竭尽所能地宠溺，所以回家后基本上是呼风唤雨，就别谈什么思想教育了。家庭条件相对优越也造成我们一个个都是孩子王，淘气得很，时不时就得在学校犯点错误，总而言之就是大错偶尔、小祸不断。一群孩子王一放学就在学校里闹腾，跑到学校边的大庆河边抓螃蟹，跑到学校的喷水池里游泳，跑到学校边上的工地里捣乱，更有甚者还跑到附近的网吧打游戏。所以，不定期的思想品德课就由陈老师兼任了。说到思想品德课，至今我仍然心有余悸，经常整节整节地被痛批。陈老师那靠胖大海不断养着的嗓子在这节课里永远是超负荷地上阵，不知疲倦。语重心长、声泪俱下地给我们讲道理，让犯错误的孩子声泪俱下，无辜被连累的孩子也眼眶泛红。尤其记得隔壁班同学路过看我们的眼神里充满了好奇，等我们结束了纷纷跑过来打听，你们不是语文课吗，怎么老师、同学集体哭上了。一节课后，油然而生一种经受心灵洗涤的感觉，现在回想起来像极了"罪犯"接受改造后发誓从此以后要好好表现、重新做人的感觉。但毕竟年纪小，自制力不强，在控制了一段时间后，又手痒"二进宫""三进宫"，陈老师也是周而复始、不知疲倦地在语文课上对我们进行思想品德教育。

现如今回想起来，在当时的情境下，没有陈老师那么不辞辛劳地给我们这帮小霸王补课，可能天都要被我们捅破了。当然，得益于从小受到心灵的洗涤灌溉，在后来的人生道路上，我自己也感觉到受益匪浅。知道哪些事情该做，哪些事情不该做，知道该交什么朋友。做了家长以后更深有体会，现如今的教育体制压力下，更多注重孩子们的学业。其实个人觉得学习是一辈子的事情，学做人做事又何尝不是呢？

有幸生活在二班，有幸遇到了让我受益一生的老师们。

【临海小学 1995（2）班学生，现自主创业】

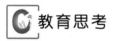

教育思考

1995 年夏天，我有幸成为新办学校临海小学的第一届老师，我更有幸成为学校里的寄宿生班班主任。听说这是当时全省公办学校里的第一个寄宿学校。从农村到城关，我没有自己的房子，而学校也只有一、二年级的学生，于是学校设置的一些办公室就成了我们的寝室。当寄宿生班班主任的 6 年里，我都住在学校的小房间里，后来搬到教室对面的小房间，真正地以校为家，可以说学生就在我眼皮底下学习，可以说我和学生是 24 小时在一起的，这也成了我班主任工作乃至教育历程中的一段难忘的经历。

因为是寄宿生，班里的同学有几个特点：一是来自全市各个地方，有的还来自外县市；二是他们的家庭条件都很好，要么是先富起来的一部分人，非常重视教育，想着把孩子培养成才，要么是家长在异地工作或家中有更小的孩子，没办法带他们；三是学生都有个性，胆子大，不爱学习，爱玩耍，调皮捣蛋，各学校老师很难管理而转学过来。因此，我们班的学生其实大多是"留守儿童"、个性学生，也被老师们戏称为"梁山好汉"。

当这样一个班级的班主任，对我来说是一个很大的挑战：打不得，骂不得。一句话，不能和他们来硬的。那么我就反其道而行，和他们来软的，动之以情，晓之以理。因为我的孩子也在这个班级，我就对他们好得胜过我的孩子。于是，我就和他们说，我们是一个大家庭，我是家长，你们都是孩子，不管你家富有还是贫穷，家长当官还是农民，你们都是兄弟姐妹。所以也就有了许金俊和何林涛记忆中的"我爱我家"。我们约定：早上，他们起床后晨跑，晨跑后到教室里早读，我也一起到教室里早读或者进行个别辅导，早读后我们一起吃早饭，早饭后就开始一天的课程了。中饭的时候，我会早早地到食堂，看学生放学了没，要是他们还没有到，我就和生活老师一起一个饭盘一个饭盘打好饭，放在他们的饭桌上，等他们来了就可以吃。午饭后，我经常到男生宿舍里，让男同学让个床位给我睡，和他们一起午休。晚上夜自修结束后，我经常会到女生宿舍去睡，一方面监督她们按时睡觉，另一方面也来体验她们的生活，鞋子臭不臭，房间热不热或冷不冷，发现问题就及时解决。当然，我住学生宿舍得到生活老师的极大欢迎，她们希望我来住，她们在走廊里大喊一声：陈老师，你来了！宿舍区就一片安静，学生也会早早入睡。我想作为寄宿生班班主任，首要是让学生吃饱睡好，只有身体好，才有精神学习。在日复一日的相处中，我和学生们也建立了深厚的感情，他们要是有一点磕磕碰碰、感冒不舒服，我都会第一时间了解，这样，家长也很放心。我，其实是52名学生的代理家长。一学期折腾下来，我有一次累得晕倒在教室里。3年以后，我的扁桃体反复发炎流脓，也有了他们记忆中我手术住院，回来和他们打哑语的事了。

当他们忍不住犯点小错误的时候，我基本是找个别人谈话，好好和他们讲。有时候错误一犯再犯，我忍无可忍的时候，那就把语文课上成思想品德课。我会把自己为他们做的事说给他们听，除了陪伴他们吃好饭睡好觉，还利用夜自修的时间为他们过生日，带他们外出春游、秋游、野炊，无条件地给他们买他们喜欢的儿童节礼物，我在夜自修、周日给他们做趣味语文题，我嗓子痛，做了扁桃体化脓手术，我没有管过自己的孩子，时间都给了学生……我也说自己的委屈：我平时不出校门，不去逛街，晚上最怕BP机响起，只怕你们谁不舒服半夜得送医院。我这样累死累活就是为了你们能好好学习、健康快乐成长，我的工资没有多一分，夜自修补贴3元钱，你们稀罕吗？说着说着有的女同学开始流泪了，我自己也哭了。看到一些男同学还没有触动的样子，我就让他起来说，谈体会，评评理，你们这样做对吗？

在同学的认错中，男同学也开始认识到错误了，说着说着也开始流泪了……

这就是海秋记忆里的思想品德课。与其说是思想品德课，不如说这是让他们内省的一节课，是他们心灵接受洗涤的一次机会。通过一次次的交流，学生们的心更柔软了，他们更善良了，也更懂事了，越来越明白哪些事可以做，哪些事不能做，哪些话可以说，哪些话不能说，行为习惯也变得越来越好。自然，他们对学习的专注力也越来越强，这样渐渐地形成了良好的班风和良好的班级舆论。在 6 年的寄宿生班班主任工作中，我觉得寄宿生的优势是综合素养很高，当然学习也很好，每个学生都能得到发展。

海秋小时候是家里很宠爱的一个孩子，胆子很大，他也是临海小学创办后的第一批学生之一。记得三年级的时候，我们学校最先开设了英语课和计算机课，学校艺术节的时候，英语老师田静给我们班排了一个英语节目《小红帽》，海秋扮演大灰狼，佳美扮演小红帽，俊逸扮演哥哥。这个英语节目轰动了全校，他们仨也成了班级乃至学校的明星。海秋在班级里的威信也一下子提升了，他粗犷的嗓音配上有感情的朗读，赢得了同学们的掌声，他的作文也越写越好，经常被当作范文来读。到了六年级的时候，一个周末，我没有上课，他竟然和班级里一个同学打架了，他说他已经忍了好久了。后来，他被家长带回家了。这是我们班唯一一次男子汉之间的对决。我得知后，买了水果去他家里看望他。一看到他，我就忍不住笑了，他也笑了。我问他，为什么剃个光头？毕业联欢会怎么办？他郑重其事地说，他要从头开始。我一句话也没有批评他，觉得他真的长大了，一切竟在光头中。我们就这么愉快地回到了学校。当然，我又把语文课上成了思想品德课。大家畅所欲言，感悟，明理，正行。我坚信，磨刀不误砍柴工。刀磨快了，锋利了，砍柴就会快，磨刀的时间不会耽误砍柴，反而会加快砍柴的进程。对学生进行正确的思想引导就像磨刀，把学生的思想之刀磨锋利了，其他的问题也就迎刃而解了。学习是学生自己的事，是他们主动学习，而不是教师强加，只有发挥学生的学习内驱力，才是真正的学习。我始终牢记教师的艺术在于唤醒、激励和鼓舞。

海秋很重感情，很有正义感。和小时候打架的同学也变成了好朋友，同学有什么需要他的地方，他和朱浩都跑前跑后地帮忙。2020年的一个深夜，海秋打电话给我："陈老师，你先别睡，我们来了。"我知道那晚他们几个同学在聚餐，我说："你们可以回家了，我都准备睡觉了。""不行不行，等一下，10分钟就到。"他们又转到我家，开始喝茶、聊天、回忆，海秋讲到了小时候被教育得流眼泪，说自己从此以后不敢干坏事，把握原则，讲到情深处，他就提议喝酒，用酒来感谢我。我很欣慰，他们还是小时候的样子，亲密无间，天真无邪。这样的师生感情，是我当年当班主任时没有想到的，教师的幸福往往来自惊喜！

8

保护乖巧孩子的自尊心

学生回忆

我的启蒙之光

蔡宇翔

　　在我小学的 6 年时光里，有一个人给我留下了深刻的印象，她就是我们的班主任陈佩莉老师。陈老师不仅是我们的知识导师，更是我们的精神导师，她用无私的关爱和严格的教育塑造了我性格中最重要的部分。每当回想起小学的日子，陈老师的形象总是那么鲜活、那么温暖。

　　记得我刚上小学时，因为是农村孩子刚到城市上学，没见过世面的我第一次来上课时十分紧张，由于过度紧张，不小心在课堂上尿裤子了。当时的我手足无措，既担心同学们嘲笑我，也担心老师批评我，我小心翼翼地坐在座位上不敢出声。陈老师发现后并没有在课堂上批评我，也没有指出是谁尿裤子，而是在同学们都没有留意时用水杯泼了一点水在我课桌旁边，并和同学们说，这位同学的水杯碰倒了，你们课间有空把地拖一下。课后陈老师悄悄联系了我父母并和我妈妈说了情况，让她送干净的裤子过来。从此在我心中，陈老师就像那束永不熄灭的启蒙之光，照亮了我人生的起点。她不仅是一位敬业的老师，更是一位温暖的朋友。小学 6 年，恍如一梦，然而在我记忆的深处，陈老师是我永远不能忘怀的。

　　在我印象中，大概在一二年级的时候，有一次班级举办一次畅想未来的活动，我清楚地记得当时我写的畅想未来："未来电视里的零食不仅可以看，还可以直接从电视里拿出来吃。"陈老师看到我写的内容后非常高兴，她当众表扬了我，并且当场读给全班同学听，当时我非常兴奋和得意，因为这是我第一次获得老师在全班同学面前的表扬。我感谢班主任老师的鼓励和支持，她让我更加自信和勇敢地面对挑战。

　　此外，她也是一位非常严格的老师，对我们的学习要求非常高。她总是鼓励我们努力学习，取得好成绩。她常说："学习如逆水行舟，不进则退。"为了激发我们的学习兴趣，她常常用生动有趣的方式讲解知识，让我们在轻松愉快的氛围中掌握知识。记得有一次我在写作业时，因为和同学聊天分心了，不小心把"刘"字写成了"这"字，当时我以为这没啥大不了的，自己知道就行，打算将错就错。陈老师发现后立即指出了我的问题，要求我们养成良好的学习习惯，对待错误一定要立即改正。在她的引导下，我们不仅学习成绩有了显著的提高，还逐渐形成了自律、勤奋的学习态度。

在生活中，陈老师更是我的知心朋友。在读小学时，因为是寄宿生，我们班很多同学都住在学校。她关心每一个同学的成长和进步，时常与我们谈心交流，了解我们的想法和困惑。当我们遇到困难和挫折时，她总是耐心地倾听我们的诉说，给予我们鼓励和支持。她的理解和包容让我们感受到了家的温暖。她还擅长发现我们的特长，并会将我们的特长放大，给予我们充分的表现特长的机会。记得有一次学校组织文艺汇演，当时需要一个同学扮演一个蹦蹦跳跳的人，陈老师第一时间就想到了我。因为她平时观察我时就发现我是一个比较活泼好动的学生，尽管我从农村出来，完全没有在同学们面前表演的机会，但是陈老师仍然把这个机会给了我，并且非常有耐心地指导我、教会我，让我在人生中第一次登上了文艺汇演的表演舞台。比赛当天，我站在舞台上，面对着台下黑压压的人群，紧张得心怦怦直跳。但是，当我看到陈老师那满怀鼓励和期待的神情时，我的心慢慢平静下来。我深吸一口气开始了我的表演，表演结束后，台下响起了热烈的掌声。我知道，那一刻我不仅展现了自己，更获得了成长和信心。从那以后，在任何公共场合演讲、表演，我都不再怯场了。这段经历过去 20 多年了，但是至今记忆犹新，仿佛这场表演还停留在昨日。

　　在这里，我想对陈老师说，您是我生命中的启蒙之光，是我成长道路上的温暖陪伴，您是我心中最美的风景，是我成长道路上永远的引路人。老师，愿我们的师生情谊长存于心，愿我们的回忆永不褪色！

【临海小学 1995（2）班学生，现台州科技职业学院教师】

教育思考

　　蔡宇翔是我到临海小学任教见到的第一个学生，因为那年临海小学刚创办，我是第一批老师之一，他妈妈则是第一批生活指导之一。我们暑假就来上班了，学校办有寄宿生班，他便跟着他妈早早地来到了学校。宇翔文章中提到的事情我已然忘记，看到文章又似乎想起，我很佩服他有那么大的勇气写出他小时候的糗事，我也很感动他记得这么多小时候的事并一直心怀感恩。他是我在临海小学的第一届学生，学校创办第一年就来了，和他一起来学校的还有他的妈妈。宇翔的父母很重视对他的教育。她妈妈为了他，也跟到临海小学工作，做了学校的生活老师。

　　初见宇翔，发现他是个文静的男孩，虽然才一年级，但会认很多字，而且他的字写得特别好，尤其毛笔字很好，这让同学们和老师都很惊讶，大家戏称他为神童，他自然被选为班长。可是他很胆小，做事很谨慎，说话细声细气的，也就是当时人们口中非常听话的孩子。为了培养他的自信心，我让他用毛笔写一句话，并把他的字挂在教室的墙壁上。他妈妈听了直摆手，不行不行，这样的字挂不起来的。我说那就先练一个学期吧，就练几个字，由他写哪几个字都可以。后来，他写了"书山有路勤为径，学海无涯苦作舟"，这幅字装裱好挂在了教室的墙壁上。我引领全班同学读这句话，读懂这句话的含义，很长一段时间，这句话都引领着同学们安安静静地读书。后来，我和同学们商定，要是以后谁的字写得好，都可以挂在墙壁上，当作我们的座右铭。这也许激励了同学们一直认真地练字，练着练着，就把同学们的心给练得静下来了，他们的心更细了，错别字也越来越少。这就是宇翔记忆里的"陈老师发现后立即指出了我的问题，要求我们养成良好的学习习惯，对待错误一定要立即改正。在她的引导下，我们不仅学习成绩有了显著的提高，还逐渐形成了自律、勤奋的学习态度"。

此后，同学们的字、画、作文陆续地张贴在教室里的学习园地上，教室的墙壁变成了同学们展示的园地，这极大地鼓舞了同学们的学习积极性。宇翔从一年级开始，就是我们班级黑板报的主要编写者，后来同学们的字越写越好，也就有更多的同学参与到编写黑板报工作中来。黑板报的排版、内容的选择、色彩的搭配、插图的绘画等都由他们商量着解决。为了有更多的展示机会，同学们商定每两周更换一次黑板报内容，他们的综合能力也越来越强。作为班主任，我很自豪的是黑板报经常会有新的内容、新的版式，越来越多的同学加入出黑板报的行列。到了三年级，我基本上是不用操心黑板报的事了，一开始板报组会把他们的草图给我看，我提出建议，让他们修改。后来，随着年级的升高，他们的经验越来越丰富了，会有一些创意，他们出的草图经常会给我惊喜，我除了惊讶就是赞美，看到黑板报就随时当众夸几句，夸得板报组的同学越来越自信了，他们的积极性也越来越高，随之提高的还有他们的综合能力。

走上工作岗位后，我先教一年级，在我的教育生涯中，我是喜欢把学生从一年级教到毕业的，在他们小学阶段，我可以系统地安排他们的学习，可以对所教的班级负责到底。但是由于我的工作调动，我有两届学生只教了 3 年，没有把他们教到毕业是我的遗憾，也觉得很愧对他们。教一年级的时候，当时没有幼小衔接的概念，刚开学时，一年级小学生一节课要上 40 分钟，而且他们没有上下课的概念，一下课就想着玩，不知道去上卫生间，到了上课的时候，他们想上厕所又憋着，往往会尿裤子。看到这样的情况，我就要求他们一下课就上卫生间，有的小朋友说现在不想上啊，等到上课的时候，他们又想上卫生间了。小孩子就是这么可爱。于是我有个规定：上课的时候你要上卫生间了，就悄悄地从后门出去。大家看到谁在上课期间出教室，就是上卫生间去了。后来，轮到我上课的时候，我就早一点到教室里去，和孩子们一起上卫生间，直到现在，我都保持着下课就上卫生间的习惯。宇翔说的糗事唤醒了我的记忆，当时我的做法完全出于对孩子自尊心的保护。对于一年级小学生，教师一定要把他们当作大人来看，尊重他们，保护他们的自尊心，教师要学会为学生解围，做个善解人意的人，这样，学生才会对你更亲、更信任，他们会更有安全感。这样安全而自主的学习氛围有助于他们的创新性思维发展。

宇翔毕业后我们很少见面，只是和他妈妈在电话里聊过，说他到上海读研究生了，选择了哪个学校，后来几次同学聚会他也没有赶到。几年前的一个晚上，我在一个酒店参加婚宴后走出酒店门口，听到一个声音叫我：陈老师！我转身一看，一个小伙子，我愣了一下。他说："您是陈佩莉老师吧?"我说："是啊!"他说："我是阿翔啊，蔡宇翔!"他说刚刚听到了我的声音，很熟悉的声音，好像是我的声音，就站在门口等我，在朦胧的灯光下寻找人群中我的身影。他的话就像明亮的灯光，一下子照亮了我的记忆。"阿翔啊!"于是，我们惊喜地拥抱，仿佛一下子回到了他的童年岁月。从前的小学生已经变成大帅哥了，从前那个腼腆的男孩已经变得那么坚定和成熟。我们聊了一会儿他的工作和生活，知道他成了大专院校的教师，而且已是两个孩子的父亲了，我问候了他的爸爸妈妈，也就匆匆分别了。

当我看到他写的回忆故事时，我心里一暖，这个不善言辞的很严谨的大小伙子，竟然有这么细腻的感情，有这么强大的内心。他一定是一位优秀的教师，也一定是一位优秀的父亲和丈夫。为你骄傲，长大的孩子!

9

正确引导爱的萌芽

学生回忆

我喜欢××

阮淑静

今年 36 岁的我，认识陈老师已将近 30 年，可以说除了她家小逸，我就是那个从小跟着她一起长大的娃。这种情感真的很难形容，是师生情，也是亲情。而对于我父母来说，陈老师是良师也是益友。把这么小的娃寄宿在学校，他们是不放心的，但是在陈老师的班级，他们就可以在乡下安心工作了。虽然我对于在涌泉小学时的记忆已经

比较模糊了，但是我清楚地记得，爸妈把我从乡下小学转学到临海小学，就是一个目的：让我跟着陈老师学习。来到临海小学后，我不仅跟着陈老师学习，还跟着她一起生活，这种读书的幸福感应该是现在的小朋友们难以体会的。在班级里，我的综合成绩只是中等水平，但是我的语文成绩却一直遥遥领先，有这么好的语文老师给我打下基础，以至于我中考时语文成绩获得了 144 分（总分 150 分）全市第一的好成绩。这件事我以后可以骄傲地讲给我的孩子听。大学选择英语专业的我，其实对于语法的掌握真的只是一般，但是凭借我的语感，我在英语专业里混得还不错。

再说说小学时令我印象最深刻的一节班队课，那节课的主题是"我喜欢××"。在小学五六年级的阶段，班级里一些男生已经开始暗恋甚至明恋女生了，被陈老师发现了这个小苗头，她不但没有批评大家，反而在班队课上让大家一一上台勇敢地说出来，并说出喜欢的原因。陈老师听了大家的真心话后，先肯定了那些"先进分子"的眼光，那些成绩好、善良的阳光小女生往往是这些男生的暗恋对象。陈老师还传授了他们追女生的技巧：想要缩小跟"女神们"的差距，肯定是要摆脱后进生这个头衔，在学习上遇到不懂的问题，可以大胆地向"女神"发问。在大家觉得肯定要被叫家长的情况下，陈老师以这种班队课的形式，跟大家一起敞开心扉地聊这件事。从此，大家把陈老师当作了真正的无话不聊的朋友。

到现在，我还经常"骚扰"陈老师，不管是孩子的教育，还是个人私事，甚至家庭买房大事都和她商量。对我而言，陈老师就是家人般的存在，从小指导着我的学习、我的生活，教会我阳光生活，做一个积极向上的人。真的，一路上感恩有您！

【临海小学 1995（2）班学生，现为银行职员】

教育思考

淑静是毕业以后和我联系比较多的学生之一，她大学毕业后要找工作了，考上了两个单位，到杭州工作呢，还是留在家乡工作？两个工作各有好处，但是工作地点不同，也就意味着以后她的生活轨迹会发生变化。她和父母都决定不了，她父母就让她来询问我，让她听听我的意见。我很感动于她父母对我的信任和尊重，于是，我和她面对面分析了两个工作的优点和不足，两个工作都蛮好的，只是她看重什么，就怎么选择。我们把讨论的结果打电话告诉她父母，她父母也同意我们的分析，最终把决定权交给了淑静。后来，淑静告诉我，她选择留在当地工作，她说父母年龄大了，她是独生子女，还是做个孝顺的女儿吧。我支持她的决定，她还是和小时候一样懂事，不过更成熟了。

我和她是老乡，当年我和她父母都在同一个乡镇工作，虽然相互之间不大熟悉，但是他父母为了让她跟着我读书，把她转学到城关当寄宿生。说真的，寄宿制给了我很大的压力，我觉得家长花了钱，下了那么大的决心把孩子放在学校寄宿，责任大多在我身上。作为班主任，我是有责任把他们教好的。在我们班级，我对所有学生都一视同仁，大家以兄弟姐妹相处，形成一个团结的大家庭。好在淑静总是那么认真，那么懂事。她书写很漂亮，作文写得好，学习也很优秀，还是班级黑板报团队的一员，经常受到表扬。男同学会拿她的姓来开玩笑，叫她"软柿子"等。她却不"软"，会怼回去，这个场景我看到了也不禁发笑，感觉其乐融融的。因为整个班级都是寄宿生，除了学习在同一个教室外，吃饭坐在一起，睡觉也在同一幢楼，大家的相处比较有默契，有时候不分你我，真正地亲如家人。随着年级的升高、年龄的增长、生活阅历的增加，我偶尔会听到同学们窃窃私语，谁谁喜欢谁。这个苗头该怎么处理呢？我想，孩子的长大，青春的萌发，这应该属于正常现象，对于这种现象，教师不应该堵，而应该疏，更应该正确地引导。于是我召开了一次别开生面的班队课，想不到这成了同学们深刻的美好回忆。

　　记得那次班队课还是像往常一样按计划由同学们自己主持，只是主题换成了"爱"。主持人让大家谈谈对"爱"的理解，接龙组词。大家谈了爱国、爱乡，讲到"爱情"这个词的时候，有的同学默默地低下了头。我趁机加入了讨论，我说爱情是美好的，你们个个又帅又聪明，就是你们爸爸妈妈爱情的结晶。接着我让大家讨论：你们现在这个阶段男女同学之间的喜欢算爱情吗？你喜欢他（她）什么？经过讨论，大家知道，被喜欢的人都有很多优点，有的学习好，有的写字好，有的朗读好，有的声音好听，有的乐于助人，有的很善良等。这节课又变成了夸赞课，把很多同学都夸了一遍，接着我让同学们把没有夸到的同学的优点找一找，去发现每个人的优点。最后，我和同学们说，男女同学之间的喜欢是正常的，但这也许是同学情、友情、亲情，我们可以光明正大地一起互相学习、互相帮助，让自己优秀起来、强大起来，以后一定会有人喜欢你的。经过这节班队课，大家都如释重负，同学们以为我会批评他们，想不到说开了，在班队课上我还夸了他们一通，暗自喜欢的同学也不再扭扭捏捏，开始正常的同学之间的交往了，大家的凝聚力越来越强了，对我也越来越亲了。直到现在，我们寄宿生班的同学中，没有互相谈恋爱的，他们都像家里人一样亲。

后来，我听到很多家长一听到孩子上学期间有谈恋爱的倾向，就仿佛如临大敌，有时候请教我，我就说要善于疏通，不能一棍子打死。青春期的孩子，互相喜欢是正常的，这或许是友情，或许是懵懂的爱，有的是家长因自己恐惧而冠名为"早恋"的。要是男女同学之间的互相喜欢影响学习、影响正常的生活，那家长就要和他们讲道理，做做思想工作；要是两个人互相学习、互相帮助、互相促进，这何尝不是好事呢？长大以后，或许他们还能成为好朋友、好兄妹。我任教的班级，小学同学的感情很好，他们的感情像兄妹一样纯真，直到现在，他们还会像小时候那样可以互相拍拍肩，开开玩笑。有学生告诉我，当他们的朋友知道他们要开小学同学会的时候，很惊讶：你们小学同学感情还这么好吗？不是高中、大学同学才开同学会的吗？

他们很骄傲地告诉朋友们，我们班的小学同学就这样好。对的，这也是我们小学老师的骄傲，小学生也会记得小学的同学和老师。其实，不管孩子多小，他们也懂感情，只要教师给他们足够的爱，他们也会回馈爱。

淑静工作以后，和我联系得更多了。她生活中有喜事了，就和我分享她的快乐；工作中遇到困难了，也和我倾诉，听听我的建议；她有孩子了，又和我探讨孩子的教育问题……有一次，在她单位遇见她，她喜出望外，还像小时候那样围着我，拉着我的手臂，聊个不停。旁边的同事们投来羡慕的眼光，我自然很幸福，时隔多年，我们还不曾生疏。这样的师生情，正像淑静说的那样："这种情感真的很难形容，是师生情，也是亲情。"

10

特别的爱给转学来的新生

学生回忆

绽放的百合
——记我和陈佩莉老师的往事

谢景波

1989 年 8 月的一个中午，骄阳似火。知了在声嘶力竭地叫喊着，让人产生些许烦躁。我跟在父亲的背后，心情忐忑地走进了涌泉中心校的校长室。

"谢老师，你来了啊，好久不见，近来可好?"校长边问候着边起

身迎接，两个老友立马寒暄起来，看来他们也是有些年头没见过面了。10岁的我一时间也不知所措，只能小心翼翼地环视着房子里的摆设，看看墙上的标语。

过了一会儿，只见一位身穿白色裙子、估摸着20岁出头的女孩子大步走进校长室。她脸上有些汗，但洋溢着甜美的笑容，露出了浅浅的酒窝，仿佛一朵绽放的百合花。

"陈老师，辛苦了。这么热的天还要你赶过来一趟。"校长站起身说道，"我来介绍一下。这位是谢老师，刚从大石调到我们涌泉中学任职。"校长边说边侧身看向我的父亲，随即又看向我，继续说道："这个小孩是谢老师的儿子，9月份读四年级，我想安排到你们四（1）班，你看……""欢迎欢迎，可以，没问题的。"校长的话音未落，陈老师已经开口说道。只见陈老师上前一步走向我，微笑着对我说："欢迎来我们学校，以后你就是我的学生了。"

眼前这位年轻漂亮、热情洋溢、个性爽朗的陈老师想必就是我的班主任了吧，那一刻我感觉自己的心情轻松了许多，我不由得想起老家那几位古板的上了年纪的老师（因我把《昨夜星辰》的歌词手抄纸带到学校而误认为我写情书，把我叫到办公室批评了一顿），再看看眼前的陈老师，开始憧憬着开学是什么样子，我的新同学是什么样子，还有这位新班主任上课时是什么样子。

9月1日总算到来了，这是个让我兴奋的日子。陈老师带着我走进了教室。看到同学们一张张淳朴而陌生的脸孔，看到他们的目光齐刷刷地看着我，我的心情格外紧张。还好之前就见过陈老师了，我就壮起胆子跟着她，同学们已经开始交头接耳，小声议论开了。陈老师把我安排到第二排的一个空座上，随后利索地走到讲台上。"同学们，大家安静一下。"陈老师边说边比画着让同学们安静下来。过了几秒钟，她继续说道："同学们，新学期我们班来了一位新的小伙伴，他的名字叫谢景波。"话音刚落，只见她拿起粉笔转身在黑板上写着我的名字，安静的教室里只听到粉笔在黑板上写过的声音。"同学们，我们以热烈的掌声欢迎谢景波同学加入我们四（1）班。"陈老师转过身来说道，并带头鼓起了掌。"你们以后要互相学习，互相帮助，一起进步。"

新学期就这样开始了，刚开始的一段时间我都在适应新环境，毕竟离开熟悉的老家来到几十公里外的地方。最让我记忆深刻的就是每天来到学校都要先跑步，围着操场跑上 5 圈，下雨天就是跳 200 下绳，这样做，身体素质明显好了很多。陈老师作为我的班主任，对我这个插班生格外照顾，时不时问我适应得怎么样，需不需要什么帮助，这让我很安心。

跟往常一样，又是陈老师的一节语文课。突然陈老师让我站起来朗诵文章中的一个段落，当我把"黑"的发音"hei"念成"he"的时候，我似乎听到了同学们的偷笑声。等我朗诵完，陈老师让我把"黑"字再读一遍给大家听，我一如既往地还是念成了"he"，这回又传来偷笑声。我感觉到不对劲，看了看陈老师，她似乎也明白了些什么。"来，跟着我念，hei 黑"陈老师非常认真地看着我，给我做起了示范并示意其他同学保持安静。可是一连好几遍我都还是念成了"he"，我自己都开始着急了。我看到讲台上的陈老师还是如此认真和淡定，从她平静的眼神中我似乎感受到她的理解，我发音错误是因为之前的语文老师年纪比较大、普通话发音不准。就这样她不厌其烦地给我纠正了几分钟，我总算能准确地读出"黑"字的发音了。陈老师又露出了她标志性的微笑，仿佛是对我进步的肯定。课后我并没有因为自己读错了字而感到羞愧，相反我为能碰到陈老师这样的好老师而感到庆幸，作为学生没有比不断进步更让人开心的事了。

又是一个上学的清晨，朝阳升起。我骑着"小凤凰"（自行车）载着我的小伙伴一起去学校。校门口已经有小商贩摆起了摊，学生们正陆陆续续往学校里走。突然，旁边的一个学生轻轻地撞了下我的自行车，我的自行车瞬间失去了平衡，一头撞向了路边的摊位。咣当！随着一声清脆的脸盆掉地上的声音，躺在地上的我随即看到草糊（类似龟苓膏的一种夏季饮品）洒了一地。我赶紧爬起来扶起了自行车，虽然我和小伙伴都没怎么受伤，但还是被眼前的一切惊得不知所措。摊主虽然没责骂我们，但也露出不高兴的神态，一边还在说些什么，把气氛搞得越发紧张。"小朋友，你们是哪个班的？你撞坏了我的东西可是要赔的哦。"摊主是一位有点年纪的妇女，她严厉地冲着我说道。我和小伙伴面面相觑，一时间紧张得不知道怎么办。"对……对不起，阿姨。"我惶恐地回答，第一次碰到这样的事情，内心是极度紧张的，"可是……我们身上没带钱，赔是肯定要赔给你的。""那怎么办呢？你们班主任是谁？我要找你们班主任。"摊主仍旧一副不依不饶的样子。马上就到上课时间了，小伙伴见状也只能自己先跑去教室了（他是我的隔壁邻居，比我高一届）。此刻孤立无援的我更是一片茫然，想到还要见班主任更焦躁不安了，最后只能硬着头皮领着摊主去学校找陈老师。

"景波，怎么啦?"陈老师看到我大清早带着个陌生人去找她，也是愣了一下。"噢，你的学生刚才在校门口把我的摊子都给撞了……"还没等我说，那摊主已经开始一通抱怨。"噢，这样啊。景波，你别怕哦，老师会处理的，你身上没受伤吧?"陈老师听完摊主的话，非常关切地询问我。"我没有受伤，老师!"我战战兢兢地回答，并把事情经过也说了一遍。"你看，孩子还小，载着人，还被其他同学撞了一下，控制不住自行车也是正常的，我学生肯定不是故意撞你摊子的，你看怎样赔偿你的损失吧，我们也尽量不要耽误孩子上课。"陈老师听完我的话转身跟摊主说道。这一刻，我心里非常踏实，俨然陈老师就是我家里的长辈一样。事后陈老师还提醒我骑自行车上学一定要注意安全。

小学生的学习生活还是轻松愉快、有条不紊的。一天下午放学的时候，陈老师走到我身边微笑着说："景波，你的文化课成绩很好，如果音乐课成绩能达到 90 分，你就有资格参加期末的'三好学生'评选了，加油哦!""三好学生"的称号对小学生来说那是每年的至高荣誉，尤其对我这个转学来的学生来说。顿时，我思绪万千，如果能评上"三好学生"，那就是对自己的一种肯定，但是我父母都没有音乐方面的特长，这不免又让我犯难起来。因为陈老师不但是我们的语文老师，而且是我们的音乐老师，她已经提早告诉我们这次的期末音乐课考试是唱歌加跳舞。歌曲曲目就是当年最流行的那首《世上只有妈妈好》，舞蹈则由每个学生自己自由发挥。离音乐课考试的日子是越来越近了，我的舞蹈动作还没有敲定，简单的动作我又不想用，那几天都在为这事犯愁。有一天傍晚，我看到三个初中生哥哥（当时我随父亲住在涌泉中学学校里）在练霹雳舞，瞬间我来了灵感，音乐课考试不如就歌曲结合霹雳舞吧，那几天我就天天站在大哥哥旁边偷学。

音乐课考试如期到来了，我的心情格外紧张不安。考试是按学号来有序进行的，我在座位上看着排在我前面的同学一个个表演完毕，我如坐针毡。前面考试完毕的同学都是在唱歌的同时配合几个简单的手势动作，这不免又让我开始担心起来，霹雳舞相对比较复杂，万一没跳好，那我的音乐课成绩不堪设想，这次的决定还是比较冒险的。"下一个考试的同学……谢景波。"随着陈老师那清脆的声音，我无奈地紧张地走到讲台前。看着陈老师微笑着坐在门口的脚踏风琴前，双手轻轻地放在琴键上，从老师的眼神中我仿佛感受到了她对我的期待。"老师，我准备好了。"我战战兢兢地说道。随着陈老师的风琴伴奏，我边唱边跳起来，一开始还是能正常表演着的，但终究抒情的歌曲风格和节奏感强烈的舞蹈动作不大兼容，中途一连好几遍都卡住了，我心急如焚。座位上的同学们都在翘首以待，我自己都不知道该如何收场。我转头看向陈老师，她依旧微笑地看着我，只见她双手从琴键上挪下来，转身朝着我。"这样吧，景波同学，歌曲部分你通过了。接下来不用唱，把你的霹雳舞正常跳完就可以。"陈老师亲切地说道。这突如其来的决定瞬间让我淡定很多，舞蹈我是练得相对比较熟了的，顷刻间我有了信心，最终我按自己的编排完成了整个舞蹈。

跳完的瞬间可以说是如释重负，陈老师带头和同学们给我鼓起了掌。陈老师站在教室门口，教室外的阳光照射进来，她依旧微笑着，犹如一朵夏日绽放的百合。最后陈老师给我的音乐课成绩打了 95 分，音乐课代表的成绩是 97 分，我的音乐课成绩相对还是比较高的，那年我如愿获得了"三好学生"称号，更是对陈老师当年临场不拘一格的决定记忆犹新。

欢乐的时光总是那么短暂，2 年后我随父亲离开了涌泉（父亲工作调动）。一晃 30 多年过去了，其间遇到了很多不同的老师，但每每提到老师的话题，我第一个想到的就是陈老师。我想不是因为她青春靓丽的外形，而是她把一颗平易近人、热情开朗、尊重学生、刻苦钻研教学的种子埋进了我幼小的心里。

这么多年过去了，和陈老师也就碰到过几次而已。学生听闻您依旧在教研这条路上耕耘着，在我心中您永远都是一朵绽放的百合。

【涌泉中心校 1986（1）班学生，现为建筑师】

教育思考

收到景波写的文章，我真的被震撼到了，因为，我是前一天晚上才给他打电话，点名让他写写小时候的故事的。他说自己在班级微信群里看到了，怕自己文采不好，不好意思写，就偷懒了。接到任务以后，他马上连夜开始写，直到把他的手提电脑的电写完为止，那时已经天亮了。我可以想象，那天晚上，他坐在电脑前，伴着灯光，沉浸在满城的安静中，一边打字，一边回忆着30多年前的往事，就像他自己说的好像回到了那个时候，我想那个通宵他是幸福和快乐的。我很内疚，告诉他不急的，不要熬夜，他说听老师的，以后生活要有规律。

景波虽然是四年级转学来的，但是留给我的印象很深刻。他爸爸对老师很尊敬，亲自到学校来，把孩子送过来。他爸爸作为一个区中学校长，这样谦逊，让我肃然起敬。我观察到景波小时候其实是非常调皮的，因为转学而来，他显得那样拘谨。这对一个孩子来说，是不好的，要让他发挥出天性来。所以，我就非常慎重、非常隆重地介绍他，把他的名字漂漂亮亮地写到黑板上，之前，班上是没有同学姓谢的，他的姓让同学们很好奇，大家也就记住了他。

景波记的事情，我读了他的回忆渐渐清晰起来。他把"黑"字念成"he"，这是我们方言的读音，20世纪80年代的小学老师很多不是师范学校毕业的，普通话是不够准确的。作为当时的师范生，我有必要，也有义务让我的学生说一口标准流利的普通话，这就是大家记的我要求他们在校园里和在家里都要说普通话的事，在校园里说普通话，使我班里的学生有了很高的辨识度。当学生读错字音的时候，我总告诉他们，你们读错了，不会读，才到学校里来学习，要是你们都会了，那来学习干吗呢，干脆你们来教我得了。在我的引导下，我们班同学对于错误是坦然面对的，这也就形成了良好的讨论氛围，错误才是我们应该纠正和学习的地方，学习就是不断纠错的过程，这才是真实的学习状态。

他跳霹雳舞的事情，我记忆犹新。那时我不仅是他们的语文老师，也是他们的音乐老师，更是他们的班主任。我可以再重申一遍，我是从来也不占用其他课的，是什么课就上什么课，而且都是认真备课的。我们办公室有一架风琴，是供年级组老师上音乐课用的，那时候没有固定的音乐教室，哪个班级要上音乐课了，同学们就到办公室把风琴扛到教室里来。我会教他们识简谱，教他们编简单的舞蹈，考试的时候，要求他们边唱边跳，把自己对歌曲的理解用声音和动作表现出来。我坚信小学生的创造力是无限的。在我的鼓励下，同学们都会很大胆很自然地去表演。不管他们表演得怎么样，对于小学生来说，能积极地参与就是成功。景波跟着他爸住在中学里，课余跟着初中生学习了霹雳舞，在音乐考试中表演得很不错，我给了高分，想不到这成了他自信的资本。你想，能跳霹雳舞这需要有多好的节奏感啊，孩子的大胆和创新就应该值高分。他的霹雳舞在我们班还时尚了一个阶段，同学们下课还跟他学着跳呢，后来他各方面表现越来越好，被同学们选为副班长。

至于他回忆的撞倒小摊的事，想起来还真有这么回事，当时我还意思一下赔了一点钱。摊主听我一说，还真觉得有道理，也就不纠缠了。骑车撞倒了东西，连大人都会害怕，何况小孩子呢，人没有摔伤就很好了，怎么可以吓唬他、批评他呢？作为班主任，我平时就是很宠学生的，除了上课对他们要求严格以外，课外是有点溺爱他们的，但这并不影响我在他们心中的威望，我给一个眼神他们就懂了。在外人面前，老师就是孩子的保护神，老师守护的是孩子的人身安全和心理安全。你不用批评他，他就会感觉到自己做错事了，好声好气地提醒他，骑车要注意安全，慢一点，他才会记住，才会改正。事实证明，30 多年以后，景波还记得这件事，说明当时我做对了。这件事足够让我们老师和家长反思，怎么对待孩子无意的犯错，怎么借机教育他们。我们无须狂风暴雨式地责骂，应该和他们讲道理，让他们认识到错误，他们才能改正。有时候，学生犯错了却不知道错在哪里，你的责骂根本不能起任何作用，反而会与学生疏远。

后来，我们 30 周年同学聚会，大家说母校要搬迁了，校园已经在新建了，都要到原来的涌泉小学旧址聚聚。尽管是临时组织的，又逢春节，还是有很多同学到了，这让大家都很高兴。景波却因在外地过春节而没有到场，我们就加了微信，然后视频聊天。从此，景波是在我朋友圈点赞留言最多的学生，有时候的留言会让我很感动，虽然我们见面很少，但是心却很近。他说很珍惜同学之间的感情，在班级微信群里，从同学们的话语中，字里行间可以看出同学们浓浓的感情，还有和老师的真感情。他说小学生活留给他们的是真善美，他说这是他的肺腑之言。多么朴实的话语，当小学老师，能有这样的一班学生何其有幸！

11

牵挂没有教到毕业的学生

学生回忆

你的背包

冯慧俊

"1995 年，我们在机场的车站。你借我，而我不想归还。那个背包载满纪念品和患难……"车里放着陈奕迅的歌《你的背包》，返乡的我思绪萦绕心间，儿时的记忆一点点涌上心头。1995 年，那年中国正式申请加入世界贸易组织，那年中国正式进入互联网商业元年，那年我们正少年，懵懂的孩子们今日无忧、明日无虑。

那年，1995。

那月，6 月底。

那日，也不知道哪天。

我一如既往地从校返家，懵懂的少年也要写《××的二三事》，写一件事情就得写半个小时，还得写二三事，太烦恼了，家里的亲戚都已经在我的作文里客串过了。机智如我，就想着赶快回家问老妈，今天家里有没有来客人。可刚到家门口，就看见班里的语文课代表在我家门口，眼睛红红地站着。

"说话，咋了？"

"跟我走，有事儿！"

"去哪儿？"

"你家后面幼儿园，同学们都在呢！"语文课代表催着我走，说，"班主任要被换走了，你知道吗？"班主任？那不就是语文老师！那明天的作文是不是不用交了？我心里暗爽，但又脱口而出："不知道啊，为什么啊？怎么会这样？"语文课代表说："反正我们不能没班主任啊，我也不是班干部，班干部们都在一起商量呢！"

镇中心幼儿园，一大帮同学看着我俩，大声喊："快点！就等你们了。""好吧，人齐了，快点说事儿。"课代表声音不大，却字字掷地有声。班长说："带了我们 3 年的班主任陈佩莉老师吧，学期结束就要被调走，到市里给城里的小孩当老师去了，你们说我们怎么办，咱们不就没老师了吗？咱们不干。"

"陈老师对我们最好了，换谁我们都不能答应！"

"我们要想办法，让陈老师留下来！"

…………

"这样好了，我们写联名信，明天去学校交给校长，大家都来签上名字！"不知是谁的一声提议打断了同学们的议论，大家最终一致决定先写一封联名信。

联名信是什么东西？我那时还不知道这意味着什么，想到是要挽留陈老师的信，先签了再说，便匆匆签上了自己的名字，加入了这场联名活动。

"好了，大家都签了吧？"咦！我们刚好 13 个人诶，算不算十三太保，十三太保，保老师！真好！一个女生眼中泛着泪光道："我们13 个人要团结一致，一定要留住陈老师，让陈老师继续带我们到毕业！要不然我们一起义结金兰吧！"天啊，这姑娘水浒英雄上身了吧！班长插言："对，我们学习桃园结义，共进退，趁这日月同辉之时我们结拜。"一看天色，太阳都快下山了！好吧，好吧，赶紧的吧！话说结拜不用磕头的吧？咚咚咚，还真有人磕啊，不疼吗？大家都好认真啊！听到有人说话："好了，大家明天都早点到学校啊，别迟到了，一起行动啊！"大家全都称好后，便各回各家了。

原来语文老师叫陈佩莉啊！我还不知道她的全名呢，她就要调走了，哎哟！反正我今天不想写作文了，明天爱咋咋地。当晚，我激动得翻来覆去，难以入眠。我想起陈老师陪着我做作业，很多次我还在她家吃饭的情景。第二天我毫无意外地迟到了，遗憾地错过了这场惊心动魄的"十三太保保卫战"。广播操结束后，当着全校师生的面，我们班被点名批评了，还被罚扫一个星期的操场。看来除了我，大家都是干大事的人，真去做了啊！扫操场时，我清楚地记得每一个同学的脸上都没有一丝懊悔，有的只是笃定的眼神。

那年夏天，宁静的海，蔚蓝的天，在蝉鸣声中，陈老师到底还是被调走了。"十三太保保卫战"，有没有意义？我觉得还是有的，至少我现在有回忆的故事，有故事可以写作文了！时至今日，我还是无法忘却 1995 年的那个傍晚，夕阳下的 13 位少年和我们亲爱的陈佩莉老师。

1995 年，你的背包，那个背包载满……

【涌泉中心校 1992（3）班学生，现为电商运营】

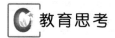 教育思考

想不到在慧俊的心里，几十年了，还藏着这么个对于他们来说惊天动地的事；想不到这么小的孩子，也懂得爱，能想出他们自己的办法来挽留我；想不到我和他们相处 3 年，他们能这样喜欢我。慧俊同学讲到的这个故事，我后来听说了，很感动，也很内疚，我觉得没有把他们教到小学毕业好像欠他们什么一样。因为和他们相处的时候他们很小，他们毕业以后我也很少和他们联络。我一直觉得作为一个小

学老师，应该把学生从一年级教到小学毕业的，要对学生的小学生涯全程负责。小学生跟着一个熟悉的老师学习，会有亲近感，也会懂得老师的教学风格，容易接受老师的教学方法。老师连续地教熟悉的学生，会更了解每个学生，会系统地对学生进行教育，可以根据他们的不同发展阶段进行教学调整，可以根据学生的不足进行补习。当然，也有人提出不同的看法，认为学生接受不同老师的教育，能接触不同的教法和智慧。不管怎么说，我以为小学阶段是不适合频繁更换老师的，至多到三年级更换一次，也就是我们常说的低段和高段之分。幸好，我把这届学生带到三年级了，这或许是对自己的一种安慰吧。

本来，我是要回去和他们进行告别的。当听到同学们为了挽留我而联名上书给校长，而且做操时特地不认真以此来引起校长的重视，反而被罚了，我就更加内疚了，也更加不知所措，我觉得很对不起这群孩子。经过同事们的分析，尤其老教师的建议，认为我不要和孩子们见面为好，不要再去挑起他们对我的思念，就让他们安安静静地适应新教师。所以，我就没有和他们道别，这也成了我的一大遗憾。但是，在我的心里，他们是我的牵挂，我们永远是亲密的师生和朋友。

记得慧俊小时候白白胖胖的，不声不响的，做作业慢悠悠，他爸爸妈妈也很宠爱他。因为他堂哥是我的第一届学生，他才一定要到我班级来的，所以一开学就对他比较熟悉，也特别关注。我经常告诉他，他堂哥上课是那样认真，积极发言，让他也大胆一点。他只是点点头，很少说话。他动作的"慢"是出了名的，讲话慢，做作业慢，连出操时排队也是慢悠悠的。有时候看着他总是觉得又好笑又好气，我只能鼓励他：你人长得这么帅，动作也要帅，写字也要帅，帅起来好不好？他又是点点头。于是，我找到他妈妈说：家里不要太宠他了，孩子这么帅，这么聪明，要让他长成男子汉，多放手让他干家务，让他手的力量大起来，这样握笔才有力量。他妈妈口头上答应，实际上家务活根本用不着他干。怎么办呢？经与他妈妈商量，我准备把他留在学校里锻炼锻炼。

于是，我经常让他放学后留下来，坐在我旁边读书做作业。因为我常年住校，孩子又小，我妈妈来帮助我们带孩子做家务。慧俊就经常在我寝室里，我教他写字、做作业，有时候他也会和我们一起吃饭。我会让他自己盛饭，吃好饭后把碗筷收拾一下放到一边，锻炼他的生活自理能力。我妈妈会悄悄地和我说，要小孩子干什么活啊？偶尔来吃个饭就不要让他干活了。我会当着他的面和我妈妈说，我是特地让他干活的，他在家里什么活也不干，手部力量不够，连握笔也握不好，收拾碗筷对他学习是有帮助的。我妈一听，觉得我讲得有道理，还觉得我这样的教学方法好，就不作声了，对慧俊说："你要听话，赶快去写作业吧，快点写好可以回家。"就这样，慧俊写字的力量越来越大，他写的字也漂亮起来。有几次，我把他写的字当着全班同学的面进行展示并表扬了他，我说字如其人，他的字像他人一样漂亮。他就咧嘴笑了。

后来，我经常表扬他，他越来越自信了，胆子也大起来了。上课时他能积极举手发言，还经常领着同学们朗读。他的思维也越来越活跃，写作的时候经常有独特的想法，写的和别的同学不一样，要是别的同学说过的，他就不写。我很欣慰这样一个慢悠悠的孩子，能变得这么有个性、有自信。

现在，他成了一个电商运营者，看到他发来的照片时，我真的一下子认不出来了，仔细看看，又有他小时候的影子，还是那么白白胖胖的。他还是像小时候那样调皮地和我说，老师，交作业了，请批改。我批改：优秀！真的吗？真的。孩子已然长大，稚气已脱，刚毅显现，但在我面前，他可以回到童年，可以顽皮，可以撒娇，我依然能看到他那颗纯真的童心。师生一场，几十年归来，情谊永远，足矣。

12

祝你们一路顺风

学生回忆

我们不散场

冯　国

又是一年毕业季，看着各个小程序内各种关于感谢师恩、办各种答谢宴的小视频，我的思绪不禁飘回到 1992 年那个 6 月，那是我人生中参加的第一个毕业典礼，那时的我们还只是将毕业典礼称呼为毕业茶话会。

记得那是 6 月末的一个上午，也是给我们小学学习生涯中画上一

个圆满的句号的上午。同学们早早地回到母校，按照不同的分工，我们全体同学打扫教室、安排会场，简简单单的瓜子、花生被摆放在课桌上，"毕业茶话会"几个大字写在已经泛白的黑板上。面对着即将分别、各奔东西，去向新的学校，同学们内心有欢快，也有忐忑。然而，还有一种心情也萦绕在所有同学的心头，那就是对教育我们6年之久、亦师亦友的先生的恋恋不舍之情。

在各科任课老师的寄语之声中，茶话会在一力同学的主持之下正式开始，同学们在欢声笑语中回忆着6年来的点点滴滴，回忆着学习生活中遇到的一件件一桩桩，回忆着先生和各科任课老师的谆谆教诲。6年的心路历程、6年的启蒙教育、6年的教学相长，让我们和先生一起成长。记得6年前一位十七八岁的少女带着一群懵懂的孩子，教我们第一次学习课堂纪律，教我们第一次学拼音，教我们第一次写自己的名字，6年来其他班级的老师换了一拨又一拨，而先生亦如当初，一直陪伴着我们成长。其中的辛酸和苦楚也只有先生自己知晓。先生不负韶华，把最好的青春给了我们这群毛头小子。当听到先生的孩子出生后，我们惊讶了，前一天下午她还在为我们上音乐课呢。于是同学们自发地从家里拿来了红糖、鸡蛋和姜。6年的情感，让我们和先生产生了深厚的感情。录音机里播放的《米兰之歌》是先生无私奉献、蜡炬成灰的真实写照，也是师生情谊的真实表达。

在先生为我们总结发言时，先生流泪了，此时的我们情绪犹如大坝泄洪一样控制不住，全班同学哭声一片，久久不能停息。这是同学们对先生的恋恋不舍之情，是对6年来先生不离不弃的感恩之情，更是师恩大如天、难以回报先生的情感宣泄。哭声传遍校园，隔壁班的老师来了，劝不住，任课老师来了，也劝不住，校长来了，还是劝不住，就让我们尽情地宣泄，这是我们师生真实的情感表达。

若干年后，我也有幸短暂地成为一名教育工作者，先生树立的以学生为本的教学主旨深深地影响着我，我也全身心地扑在教育教学上，走入学生中，当学生的朋友，和学生教学相长。先生的风范犹如明灯指引着我前进。

这么多年来，自己的毕业典礼和参加的毕业典礼中，唯有这次让我记忆尤深。也是这些年来一直难以忘怀的，尤以此文记录，和先生的弟子共勉。

【涌泉中心校 1986（1）班学生，现经商】

教育思考

当班主任 18 年整，其实只完整地带了两届毕业生，从一年级到六年级。一届是我教育生涯的前 6 年，我的青春和他们的童年相伴；另一届是寄宿生班班主任，是"妈妈"和孩子的相伴，都永生难忘。这两届的毕业茶话会，大家都泪流满面，是不舍，是辛酸，是感谢，是祝福！

　　冯国是我的第一届学生，毕业已经 30 多年了。他从小就感情细腻，长大后曾经当过大学的辅导员，能感同身受。他是第一个送我鲜花的人，他是第一个喊我"老陈""陈老""先生"的人。他目前是 4 个孩子的奶爸，每天接送孩子涌泉、椒江两头跑，他说要给孩子平等的父爱，自己累点没关系。因此，他对于教师是有特别的感情的，尤其是对我这个小学老师。

　　他印象中的茶话会已经过去 32 年了，那场从上午忙到傍晚，大家还不愿意散去的茶话会至今仍深深地印在他的心中，也印在我的记忆里。那是我第一届毕业生，农村的孩子，纯真的感情，没有多余的私心杂念，非常简单的学习生活。那时候的老师和学生是有距离的，学生是敬畏老师的，老师是会管教学生的。而我和同学们却不一样，我们之间除了上课是师生外，课余我基本没有教师的样子，不会批评他们，只是他们的玩伴和知心姐姐，有时候，我还教他们做点农活、做点家务。他们可以在我床上翻跟头，也可以在我床底下捉迷藏，还可以把我寝室里的沙发搬出来当道具，可以抢着吃我削好分好的苹果。当然，他们玩够了，会把我寝室的地板擦得干干净净，把东西整理得整整齐齐。他们从原来胆小的农家孩子，经过 6 年的成长，到毕业时，已经成长为综合素质高、待人处世很有分寸、爱笑爱说、敢做敢担当的少男少女，其中的成长故事，有笑有泪，有苦有乐，挥之不去，忘之不掉。

　　忘不了，茶话会上每个同学真挚的发言。有的说自己以前做错的事情，和同学吵架打架，请同学原谅；有的说自己偷懒不做作业，是同学和老师的帮忙指导，才有今天的好成绩；有的说自己当班干部，管理比较严格，经常把同学没有完成作业的事情告诉老师，说自己只想大家都好，当兄弟姐妹一样，后悔把这些事情告诉老师了，自己帮助同学做好就可以了；有的说和大家一起到教室里上夜自修很难忘，那是很美的夜晚，读书最认真的夜晚，全校唯一亮着灯的教室里只有我们，但很可惜只延续了一个星期；有的说只要到田野上就想起我们一起春游观察庄稼的情景……大家把我们在一起的点点滴滴说了一遍又一遍。

忘不了，茶话会上男女同学的舞蹈重现。有的同学提议，让大家把那些年来参加比赛的舞蹈再跳一遍。于是，在被桌子包围的空地上，大家翩翩起舞，掌声阵阵。没有参加舞蹈比赛的男同学，也拿出看家本领，把自己课外向大哥哥学到的霹雳舞也炫耀一番，引得大家哄堂大笑又鼓掌喝彩，高喊着"再来一个"。

忘不了，情到深处，不知谁带头唱起歌来。我自家的录音机也被带到了教室里，这是之前早读课时经常给大家播放音响进行想象说话和想象作文的"教具"，但是这次播放的不再是大自然的声音，而是《我爱米兰》的歌曲。大家跟着唱起来，还改了歌词唱着……最让我动情的是金海萍同学唱的《烛光里的妈妈》，当她开口的一霎那，我惊呆了，海萍平常是不大爱唱歌的，我没有想到她唱得这么好。她唱了第一句，就开始边唱边哭，一直哭着唱完，我很感动，走过去紧紧地抱住她。教室里很安静，没有掌声，只有哭声，大家都哭成一片，后来大家就趴在桌子上大哭。哭声引来了校园里的老师，他们站在教室外面，看着我们，也不说话，或许是被我们的真情感动了，大家眼睛都红红的。天黑了，教室里的灯亮了，我们的情绪也释放了，心情平缓了，我说了告别的话、祝福的话，天下没有不散的宴席，让大家回家，走上新征程。

是啊，和他们在一起的日日夜夜，是那样纯粹，那样简单，那样快乐，那样感动。

我忘不了，我生孩子的那天上午，同学们都不相信，说昨天下午陈老师还给他们上了音乐课。那天他们上课特别认真，有班干部在黑板上写着通知：请每个同学带一个鸡蛋，去医院看望陈老师。后来这件事被数学老师劝住了，说派几个同学去看就好了。（这是事后同事告诉我的，说很惊讶这么小的孩子竟这么懂事。）我清楚地记得，我住在原来的涌泉中医院的旧房子里，放学的时候看到窗外站着一拨又一拨同学朝我招手。第二天，翁海燕、李巧红、李敏等几个住在医院旁边的女同学买来了响铃，朝着孩子不停地摇动。陪我的外婆和医生都说这帮学生这么懂事，说我怎么和学生关系这么好。看到他们，我忘记了疼痛，心中生出了很大的力量，这时候，他们成了我的精神支柱。于是，90 天后，我早早地回到学校，回到同学们的身边。

我忘不了，和他们相处的 6 年时光。老街的潮湿、渡口的等候、乡野的野炊……最难忘的是每个学期结束，我会挨家挨户地进行家访，每到一家，我总是向家长夸奖学生在学校的优秀表现，夸他们学习认真、发言积极、写字漂亮、乐于助人、尊敬老师、为集体做好事等，感谢他们培养的好孩子。有些家长有点不相信，说在家都没有这么好，我说是真的，在学校表现很好。我便向家长了解学生在家的表现和不足，这时候，我仿佛成了孩子的家长，保护着他们。每到一个村子，同学们会带着我去别的同学家，跟着我家访的学生会越来越多，我们一行人会浩浩荡荡地到同学家去。跟着的几个同学也会向家长说同学的优点，家访变成了表扬大会，同学们都很高兴，有些同学还会把我送回学校，就这样，在其乐融融中度过了一个又一个学期。

寄宿生班的茶话会要比第一届的丰富很多，同学们准备了很多节目，很快乐。但是到了最后，大家也是挥泪告别，一句句真心话，一声声感谢，都伴随着《祝你一路顺风》的歌声飘向远方。

小学 6 年，是人生最早的一段求学经历，是懵懂，是纯真，是启蒙，也是底色。但愿我的学生们能记住的是快乐，是欢笑，并带着好习惯和优良的品质走向成功！

后　记

当我终于编写完 36 个故事的时候，眼里是含着泪花的。我跟着学生们一起重温了我 38 年的工作历程，酸甜苦辣一起向我涌来，在看一个个学生的回忆故事时，更多的是快乐和感动。有时候会哈哈大笑，看到曾经一个个顽皮的小孩，现在长成了我的依靠；有时候会泪流满面，他们的话语触动了我的内心。我很感动，他们竟然记得几十年前小时候的故事，有的竟然是写他们的不足和小时候的糗事，他们是那样真实和坦然；我很感动，他们长大后与我相处的一幕幕温馨的场景、对我说的一句句暖心的话语；我很感动，他们写得那样认真，对我是那样尊重，像小时候交作业一样小心翼翼地问我可不可以，怎么不可以呢，用心写出的文章，完全优秀啊！看着他们的文章，我心情荡漾，似乎变得年轻起来，回到了那青春岁月，跟着他们的故事一起快乐。

教育故事贵在真实，就像做人一样。本书的所有学生故事，我只字未改，求的是真实。我写的教育思考也是用最朴实的语言来表达的，写的是我真实的做法和想法。在文字上，不做文学加工，不追求文学色彩，为的是写出真实的教育故事，呈现真实的教学经历。因此，粗糙的文字却是真实的生活、真实的情感。

当我完成这些故事的时候，心中有无数的感谢。我要感谢我的家人，几十年如一日地支持我的工作，尤其是我的母亲，现在顶着一头白发还一直为我做饭；我要感谢教育局、教研中心、学校等各单位各部门各级领导，对我的培养、关爱和支持，让我获得了很多的荣誉；我要感谢我的老师们对我的教育和付出，我把他们给我的爱传递给了我的学生们；我要感谢我的同事们、同学们、朋友们的帮助和支持；我要感谢所有学生和家长对我的信任和理解……

当这些故事交付出版社的时候，特别感谢浙江工商大学出版社郑英龙社长的大力支持，感谢浙江工商大学何波处长的指导和辛苦付出，感谢出版社的王黎明主任、其他相关编辑和设计师。感谢汪潮教授和郭吉成老师对此书的鼓励和指导，汪教授亲自为本书作序，让我倍感荣幸。王金兰老师、郭吉成老师、李祖文老师、戴建荣老师对本书的评价让我很感动，倍受鼓舞。

还有很多的人值得感谢，不在此一一列举了，还有很多的学生故事没有收入书中，在此表示歉意。

但愿我和我的学生们的故事能给您一点启发，给您一点借鉴，那是我的快乐。愿学生们都能平等快乐地学习，老师们都能和学生们一起快乐成长！

陈佩莉

2024 年 9 月 10 日教师节